世界冠军教单板

从零开始学习单板滑雪

王葆衡 王石安 著

多位中国单板冠军为您进行技术示范
我国两届冬奥会单板国家队教练为您进行技术指导

人生的雪辙从这里开始

人民体育出版社

著者介绍

著者：王葆衡（沈阳体育学院、高级教练员）是我国唯一一位参加了意大利都灵和加拿大温哥华两届冬奥会的单板项目教练员。

著者：王石安，沈阳体育学院冰雪教授、中国第一位冰雪硕士生导师、国家单板滑雪队教练组组长。

技术示范者介绍

孙志峰（女）
出生：1991年7月17日
身高：1.56米
体重：57公斤
单板成绩:2008-2009世界杯金牌、2009-2010世界杯金牌、2010冬奥会第7名

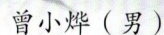

曾小烨（男）
出生：1991年2月16日
身高：1.75米
体重：60公斤
单板成绩：冬运会冠军、2010欧洲杯冠军、2010温哥华冬奥会第15名

技术示范者介绍

孙丽丹（女）
出生：1989年5月20日
身高：1.63米
体重：53公斤
单板成绩：2005-2006年度全国冠军

邢红丽（女）
出生：1994年9月24日
身高：1.56米
体重：56公斤
单板成绩：少年全国冠军

孙娟（女）
出生：1993年8月16日
身高：1.58米
体重：50公斤
单板成绩：2006-2007年度规定动作全国冠军

李杨（男）
出生：1989年5月29日
身高：1.63米
体重：63公斤
单板成绩：团体冠军成员

技术示范者介绍

杜秋秋（女）
出生：1991年9月10日
身高：1.63米
体重：55公斤
单板成绩：少年全国冠军

黄俊巧（女）
出生：1993年5月3日
身高：1.59米
体重：57公斤
单板成绩：少年全国冠军，2009-2010全国锦标赛银牌

高光煜（男）
出生：1992年2月20日
身高：1.57米
体重：52公斤
单板成绩：团体全国冠军

郭芳兵（女）
出生：1993年2月2日
身高：1.53米
体重：53公斤
单板成绩：少年全国冠军

前　言

　　《世界冠军教单板》一书是面对单板滑雪初学者而编写的入门参考书。

　　我国在2003年开展了单板滑雪运动，该运动大体可以分为高山和自由两大类。单板高山滑雪追求的是通过旗门时转弯的技术和滑行的速度。而自由式单板追求的是滑行的技巧，飞跃的高度、距离以及各种自由式动作的优美和难度。

　　2000年前后在我国滑雪场上几乎见不到单板滑雪者的身影，2002年我国派出了首批单板教练员赴日本学习单板滑雪技术，此举揭开了我国开展单板滑雪运动的序幕。如今单板滑雪者的数量与日俱增，单板滑雪运动已经成为了皑皑白雪中的时尚运动，已经成为了年轻人在冬季不可或缺的娱乐、健身运动。

　　单板滑雪运动自身具备着无限魅力，在滑雪运动过程中时时充满着青春的浪漫和无限的自由，处处体现着无极限的挑战和丰富的创新。单板滑雪可以让你体会飞起到空中滑翔的飘逸，高速滑下坡面速度的刺激，在空中完成高难度技巧动作之后顺畅着陆的自我满足，自主控制速度滑进滑出各种坡面、雪包和征服各种障碍之后成功的愉悦以及冲浪般随心所欲转弯时推起层层雪浪的爽快。如上就是人们一旦接触单板滑雪就被其深深吸引而无法离开，成为单板痴迷者的原因，最后身边的人被不断"感染"，继而源源不断地涌进单板滑雪爱好者的行列之中。

　　单板滑雪运动虽然令人神往，但技术的掌握却也不是一蹴而就的，需循序渐进地打好基础，经过磨炼后，才能随心所欲地在雪上驰骋，成为雪上骄子。通过本书的技术示范者——单板国家队的运动员（现均就读于沈阳体育学院）实践证明，10岁左右的少年，经过3天的学习，就可以掌握S转弯滑行技术。本书内容就是依据自由式单板基础教学的实践而进行编写的，初学者若在单板学习过程中参考本书进行练习，则能够更快、更安全、更正确地掌握单板基本技术，能够为单板中级技术的掌握奠定坚实的基础。

　　沈阳师范大学的王海老师参与了单板专项拉伸和力量练习部分的编写，沈阳体育学院惠悲河老师为本书绘制了单板U型场地滑雪项目技术种类中的6幅插图，在此深表谢意。由于作者水平有限，书中不完善和错误之处，敬请读者提出并指正。

作者

2010年6月

目 录

单板滑雪运动简介 / 1

一、单板滑雪 / 2

二、单板滑雪运动的发展 / 3

三、单板滑雪运动的价值 / 4

四、单板滑雪运动的特点 / 5

五、具有无限魅力的单板滑雪运动 / 7

单板滑雪运动项目简介 / 8

一、单板高山类项目——双人平行大回转（PGS）/ 9

二、单板高山类项目——大回转（GS）/ 10

三、单板自由类项目——单板U型场地滑雪（HP）/ 11

四、单板自由类项目——单板空中技巧（BA）/ 15

五、单板自由类项目——单板追逐赛（SBX）/ 16

准 备 篇 / 17

一、单板滑雪器材 / 18

二、单板滑雪板的种类 / 18

三、单板的选择 / 18

四、单板滑雪鞋、固定器的种类 / 19

五、单板滑雪鞋、固定器的选择 / 19

六、单板固定器安装的宽度、角度 / 20

七、自由单板滑雪的服装、护具 / 21

基 础 篇 / 22

一、前脚的确定 / 23

二、雪板的携带 / 23

三、雪板的放置 / 23

四、在平坦雪面站姿固定雪板的方法 / 24

五、在山坡上面对山下坐姿固定雪板和站起方法 / 25

六、双脚固定后180°改变方向的方法 / 26

七、背对山下的站起方法 / 27

八、面对山下从跪姿到站姿的方法 / 28

九、向前安全摔倒的方法 / 29

十、向后安全摔倒的方法 / 30

十一、最危险的摔倒姿势——逆刃摔倒 / 31

十二、预防损伤须遵循的原则 / 32

十三、滑雪前的准备活动 / 33

基本篇—基础技术 /34

一、单板滑雪的基本滑行姿势 / 35

二、单脚固定后的改变方向 / 36

三、单脚固定后的移动 / 38

基本篇—基本技术 43

一、横滑降–停止 / 44

二、斜滑降–停止 / 46

三、直滑降–停止 / 50

四、Z字滑降 / 52

五、直滑降–滑弧 / 54

六、有拖滑的转弯 / 56

七、卡宾技术转弯 / 59

八、卡宾技术连续转弯 / 63

提高篇—发展的单板技术 / 65

一、直线连续欧力（OLLIE）跳跃滑进 / 66

二、直线诺利（NOLLIE）跳跃滑进 / 67

三、立前刃后手摸雪面滑弧 / 68

四、立后刃前手摸雪面滑弧 / 69

五、大幅度倾倒换手摸雪面S滑行 / 70

六、直线欧力（OLLIE）起跳—抓板—直滑进 / 71

七、直线欧力（OLLIE）起跳—后刃转弯 / 72

八、直线欧力（OLLIE）起跳—前刃转弯 / 73

九、大S跳起变刃转弯 / 74

十、大卡宾连续跳跃S滑行 / 75

十一、抓板后刃、前刃大S滑行 / 76

十二、抓板尾S滑行 / 77

十三、抓板尖S滑行 / 78

十四、抓板尖、板尾S滑行 / 79

十五、正脚后刃跳转180°变反脚前刃滑弧 / 80

十六、板尾支撑连续转体滑下 / 81

单板专项拉伸和力量练习 / 82

一、滑雪之前自我能力的三项测试 / 83

二、单板专项拉伸 / 84

三、单板专项力量练习 / 100

单板滑雪运动简介

Snowboarding

一、单板滑雪

国际上把两脚踩在一块滑雪板上的雪上运动称为SNOW BOARD，在我国翻译为"单板滑雪"。

单板滑雪项目的种类

二、单板滑雪运动的发展

① 在我国单板滑雪无论竞赛项目的增长，还是大众单板滑雪运动的发展，均处于快速发展期。

② 国际上自1983年在美国举行第一次单板滑雪的比赛以来，1987—1988赛季开始了世界杯的比赛。1998年日本长野冬奥会上单板滑雪的高山大回转和U型场地滑雪成为了正式的竞赛项目。接下来在2002年美国盐湖城冬奥会上U型场地单板技巧依旧是正式竞赛项目，而单人大回转项目取消，替代的是单板双人平行大回转。在2003年2月20日瑞士召开的国际奥委会委员会上决定：2006年都灵冬奥会的单板项目中增设四人追逐(SBS)比赛。2010年加拿大温哥华冬奥会单板竞赛项目保持了U型场地、双人平行大回转和追逐比赛三个项目。从单板竞赛项目在冬奥会上增加的趋势来看，单板滑雪竞赛项目增加还具有极大的潜力，因为单板滑雪在欧洲、北美洲竞赛频繁，项目繁多。除了冬奥会上的竞赛项目外，单板的竞赛项目还有：个人高山回转、个人高山大回转、自然雪极限滑降、空中技巧、六人超级障碍、场地公园赛等。

单板公园场地设施

挑战

单板极限滑降

三、单板滑雪运动的价值

单板滑雪运动对参与者的意志、体能有着明显的锻炼价值，特别是对人体的平衡能力、协调性、判断能力及各感觉器官敏感性的提高有着突出的作用，是一项能使参与者身体机能全面得到提高的运动项目。单板滑雪运动极具刺激性、创造性和挑战性，以下从身体、精神、社会三方面列举单板滑雪运动的价值：

1. 身体方面

由于单板滑雪是全身性运动，需要神经和全身肌肉互相配合，能够提高身体的协调能力及判断能力，增强身体的耐力和抗寒能力。

2. 精神方面

加深对大自然的认识和理解，能获得在大自然中生活的喜悦；能够解除日常生活中的精神压力，回归自我，身心获得解放；并勇于向困难挑战，能够获得克服困难的喜悦感及充实感。

3. 社会方面

参与者广泛，且与年龄、性别、职业无关。参加团体活动能够加深交流和改善人际关系。

冬季魅力无限的银色世界

四、单板滑雪运动的特点

单板滑雪运动之所以能够于较短的时间内在我国获得迅速发展，这与单板滑雪运动项目自身特点有着密切的关系，单板滑雪运动有如下三个特点：

1. 单板滑雪是利用重力的滑行运动

滑雪运动本身就是"滑的运动"。想滑行就必须有动力，单板高山滑雪的动力就是重力。滑雪的环境是自然起伏的山地，而且一般是从山上向山下滑行，主要的动力是地球的引力（重力），肌肉力量的作用则是次要的，滑行者几乎不需要自身的力量去蹬动雪板就可获得下滑的动力，这是单板滑雪运动区别于其他运动最显著的特点。基于这一特点，单板滑雪运动本身不受年龄、性别、体力的限制，加之滑雪场可供选择的陡、缓坡面很多，自然就适合所有年龄段的人群参加。

2. 单板滑雪是挑战无极限的运动

单板滑雪运动是充满挑战性和创造性的运动项目，相对于双板滑雪而言，单板滑雪对人的平衡能力和协调性要求更高。单板滑雪是在地形复杂、雪质各异、坡度多变的条件下进行的运动，即使在相同的坡面上进行几次滑行，其状况、条件也会不尽相同。总的说单板滑雪受自然状况的影响较大，如果滑雪者适应了这些自然状况的变化，就会向更加困难的条件挑战，就会向更高的目标迈进，这也是滑雪的魅力。在滑行中无论是战胜高速滑行带来的恐惧，还是利用转弯、急停、飞跃等技巧在陡坡上顺利滑下，都会使你充满胜利的快感，增强战胜大自然的信心和提高战胜困难的意志力。

3. 单板滑雪是滑雪板和人一体化的运动

单板滑雪运动与人们日常生活习惯及一般身体活动方式差别较大。例如：单板滑雪的基本姿势是身体侧对前进方向，在滑行的过程中需要做出立刃、加压、倾倒动作等，这与生活中的走、跑等常态身体活动形式不同。单板高山滑雪利用山坡的坡度下滑，运动中速度较快，并使用特制的雪板、雪鞋及固定器，虽然通过对运动器材的操作进行身体运动的体育项目很多，但能

世界冠军教单板

像滑雪器材这样对项目本身产生深刻影响的运动并不多。雪板把来自雪面的力传给身体，又把身体的动能作用产生的力传导给雪面，这样滑雪者的滑行及身体平衡才得以维持，因此可以把雪板看做身体的一部分，而雪鞋、固定器又是连接人和雪板之间的媒介，也同样可以认为是身体的一部分。

同样以运动器材为媒介的滑冰运动的冰刀，我们也可以视其为身体的一部分，但是冰刀与冰面接触时冰刀是不会变形的，而雪板在滑行的过程中则具有变形的性能，可以认为，适应滑雪用具的过程就是人体与滑雪用具一体化的过程。若想随心所欲地滑降，就必须有效地、自如地控制速度，自由地改变方向，调节转弯弧度的大小，也要合理地利用来自雪面的阻力。你如果在意识上能够控制受神经支配的单板，那么你将会随心所欲地驰骋在银色的世界之中。

五、具有无限魅力的单板滑雪运动

1. 单板滑雪运动的魅力

单板滑雪运动集滑行、冲浪、飞跃、技巧、音乐于一体，处处体现着自由、奔放与创新。

单板滑雪可以让你体会飞起到空中的飘逸感，从坡面高速滑下的速度刺激感，空中完成高难度技巧动作后顺利着陆的自我满足感，以及自由控制速度征服各种障碍后的成功愉悦感。尤其是在雪面上如同冲浪般随心所欲转弯的爽快感，更令人为之陶醉，单板滑雪是挑战无极限的运动项目。

这些都来源于单板滑雪运动自身的魅力，这也正是年轻人一旦接触单板滑雪就会被其深深吸引的原因。

2. 大众单板滑雪的现状

伴随着国际上单板滑雪运动的迅速发展，我国无论是大众单板滑雪还是竞技单板滑雪也都正在迅速地发展。如今在发达国家的滑雪场上单板滑雪大有替代双板高山滑雪的趋势。众多的年轻人都踩着单板如同冲破波浪般自由、潇洒地滑行在洁白的雪面上。

在单板滑雪运动发源地美国，青少年已经不满足仅在雪面上滑行了，他们从雪面飞起到空中做各种空中技巧动作，同时进行飞跃远度和高度的竞技；他们跃过了水面，跃过了高速道路，有的甚至飞越了房顶、树木；接下来他们又滑上了专门设置的高台、平衡木、直管道、S形管道和高高架在空中的铁杆上。单板滑雪运动的挑战性、创新性是年轻人追求的目标。

中国单板滑雪的人口与日俱增，单板滑雪者的数量在爆发式地增加。20世纪90年代的滑雪爱好者中99％是双板滑雪者，滑雪场上几乎见不到单板滑雪者的身影，可如今单板滑雪者在滑雪场上比比皆是，我们有理由认为中国滑雪的"单板时代"已经离我们越来越近了。

单板滑雪运动项目简介

2003年中国滑雪协会派出的第二批赴日本学习单板的教练员、运动员。右起：王葆衡、程金辉（运动员）、付伟（运动员）、朱虹（运动员）、陈伟光、王石安、潘立权

2002年中国滑雪协会派出的首批赴日本学习单板的教练员。
前　　排：王葆衡
二排右起：王　玲、季晓欧、
　　　　　陈伟光
三排右起：王石安、李晓东、
　　　　　王永涛
四排右起：董明杰、刘长福

一、单板高山类项目——双人平行大回转（PGS）

双人平行大回转场地及竞赛规则简介：

① 单板双人平行大回转是由两名运动员在两条宽度、坡度、旗门设置、雪质等均相同的雪道上同时出发的竞速比赛，滑道长：400～700米；滑道宽：至少40米；高度落差：120～200米间；旗门数：25个左右。

② 竞赛包括资格赛和决赛。资格赛是所有运动员在同一条雪道上单独进行一次滑行，按照滑行时间取前16名运动员进入决赛。决赛包括1/8决赛、1/4决赛、1/2决赛、决赛和复赛。在所有决赛轮次中，运动员均要变换滑道，进行两次滑行，依据滑行时间决定胜负。比赛采用淘汰制，胜者将进入下一轮比赛。

③ 如果运动员在比赛中出现出发犯规、串道、干扰对手（无论是有意还是无意）、未通过旗门等情况均被判犯规，将被取消比赛资格。

④ 在滑行中运动员从侧面可以看到对手，这对运动员的心理素质和技术动作的质量都是一个严峻的考验。由于比赛的速度较快，因此对运动员速度素质及瞬间判断能力要求很高。

单板双人平行大回转（PGS）为冬奥会正式竞赛项目。

在2002年盐湖城冬奥会上国际奥委会将单板单人大回转项目改为单板双人平行大回转。

我国在2008年开始开展该项目。

双人平行大回转出发场面

双人平行大回转比赛场面

二、单板高山类项目——大回转（GS）

大回转项目简介：

① 单板大回转竞赛时在场地上设置旗门，运动员需沿着旗门构成的线路高速滑下。

② 单板大回转比赛为单人比赛，是竞速项目。

③ 单板大回转比赛场地的高度落差为120米以上，滑道宽为25米以上。

④ 单板大回转比赛场地在旗门的设置上，左右间隔较宽，滑行的回转弧较大，线路长，下滑速度快，运动员对滑行线路的控制较难。

单板大回转比赛（GS）为世界杯比赛项目。

单板高山大回转项目是在1998年长野冬奥会开始成为正式竞技项目的，2002年被双人平行大回转替代。其作为竞赛项目在冬奥会上仅仅出现过一届，现在单板大回转比赛是世界杯比赛项目。

大回转（GS）

三、单板自由类项目——单板U型场地滑雪（HP）

单板U型场地滑雪比赛是冬奥会正式竞赛项目。

单板U型场地滑雪（HP）项目在1998年长野冬季奥林匹克运动会上成为正式比赛项目。

我国在2004年正式开展该项目。

我国运动员在2006年首次参加了该项目冬奥会的比赛。

单板自由类项目包括：
① 单板U型场地滑雪（HP）
② 单板空中技巧（BA）
③ 单板追逐赛（SBX）

单板U型场地滑雪项目竞赛、评分办法简介：

① 单板U型场地滑雪项目是运动员在U型场地内进行一趟比赛之后，由五名裁判员根据运动员整体动作的飞起高度、动作难度、技术种类、技术的全面性、技术动作的质量、场地利用、表演风格和创新性等方面进行综合评分。竞赛采用预、决赛制。

② 五名裁判员进行评分，每名裁判员采用10分制，运动员满分为50分。裁判员的评分方法为扣分制，即每名裁判员根据自己的综合判断决定扣掉参赛运动员多少分，最后将五名裁判员给的分相加即为该运动员的最后得分，运动员的最后得分是评定最终名次的依据。

单板U型场地滑雪空中动作

单板U型场地滑雪项目技术简介：

① 飞起高度，即运动员在一趟比赛中完成的多个空中技术动作时飞起的平均高度。高度是指运动员飞起到顶弧时身体重心到平台的距离。

② 动作难度，是指单个技术难度和连续动作难度。技术难度因素包括两个方面，首先是运动员一次飞起在空中进行的转体度数、空翻周数和抓板技术的结合情况。具体可分为转体度数和抓板两个技术的结合，空翻周数和抓板两个技术的结合以及转体、空翻和抓板的三个技术的结合。其次是连续动作难度，连续动作难度是指运动员完成了一个较高难度动作之后又接着进行较高难度的技术动作。

③ 技术种类可分为，空翻类动作、转体类动作、抓板类动作、壁角支撑类动作和空中飞跃、荡、反向转体及几类动作的组合等。

④ 技术的全面性，是指运动员在滑行过程中正、反脚技术的运用和正反脚的前、后刃的运用及各种技术的具体应用。

⑤ 表演的质量，指运动员在表演中技术动作质量的优劣，质量是指运动员在一趟滑行的表演中完成滑行和空中动作的准确性及其技术动作是否存在瑕疵，失误，摔倒等。

⑥ 运动员是否全面利用场地、个人表演的风格、个性的张扬及其新技术动作的创新。

飞起高度： 运动员身体重心到平台的距离。

技术种类

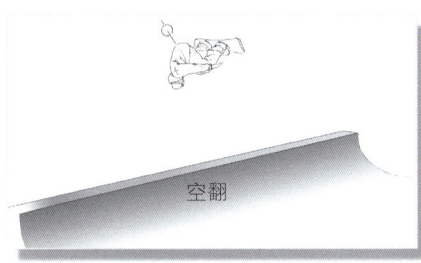

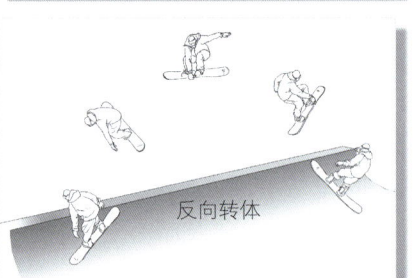

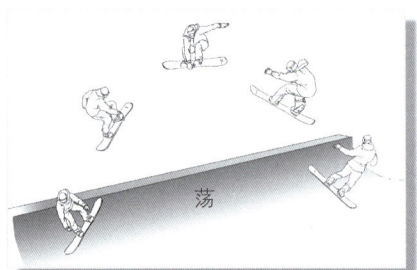

中国单板U型场地滑雪项目开展的现状：

① 我国在2002年派出首批教练员赴日本学习单板滑雪项目；2004年正式开展了单板U型场地滑雪项目的竞赛。

② 当该项目开展仅仅两年时，女运动员孙志峰就获得了世界杯第8名，潘磊获得了世界大学生第2名，这两名运动员也因此获得了参加2006年都灵冬奥会的资格。在教练员王葆衡的带领下这两名运动员首次参加了冬奥会的单板U型场地滑雪比赛。

③ 冬奥会之后我国女运动员刘佳宇和孙志峰不仅双双获得过世界杯的金牌和欧洲杯的金牌，刘佳宇还在2009年1月获得了世界锦标赛的金牌；男运动员曾小烨和史万成不仅分别获得了一站世界杯比赛的铜牌，曾小烨还获得了欧洲杯的金牌。

④ 2010年2月加拿大温哥华冬奥会，在教练员王葆衡、刘长福的带领下，女运动员刘佳宇获得了单板U型场地滑雪项目的第4名，孙志峰获得了第7名，男子运动员曾小烨获得了第15名。

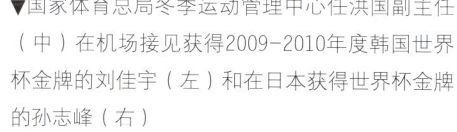

▲ 教练员王葆衡、运动员潘蕾（左）和孙志峰（右）在2006年意大利都灵冬奥会

▼ 国家体育总局冬季运动管理中心任洪国副主任（中）在机场接见获得2009-2010年度韩国世界杯金牌的刘佳宇（左）和在日本获得世界杯金牌的孙志峰（右）

世界冠军教单板

单板U型场地滑雪动作简介：

1. 抓板

在空中用手，抓握雪板的某个部位之后做出的空中造型称为抓板动作。

① 抓板不是一个独立的技术，是连着在空中飞跃、转体、空翻等技术动作上的技术。

② 抓板动作可分为前手抓板、后手抓板、双手抓板、依次（连续）抓板。

2. 前手抓板基本动作

① MUTE（前手抓板前刃中部）
② JAPAN（前手绕膝抓板前刃中部）
③ MELANCHOLLIE（前手抓板后刃中部，立板）
④ METHOD（前手抓板后刃前部，身体与雪面水平）
⑤ LIEN（前手抓板后刃中部，后屈膝）
⑥ JESSIE（前手抓板后刃中部，板尖朝下）
⑦ TWEAK（前手抓板后刃中部，膝后屈，上体扭转）
⑧ NOSE GRAB（前手抓板尖，雪板与雪面垂直）

3. 后手抓板基本动作

① INDY（后手抓板前刃中部）
② CRAIL（后手抓板前刃中部，后腿屈、前腿伸）
③ J.T（后手绕膝抓板前刃中部）
④ STALE FISH（后手抓板后刃中部）
⑤ ROAST BEEF（后手由前经两脚之间，抓板后刃中部）
⑥ TAIL GLAB（后手抓板尾）

4. 双手抓板基本动作

① DOUBLE GLAB（双手同时抓板前刃中部）
② ROCKET（双手交叉抓板头部分）

LIEN（前手抓板后刃中部，后屈膝）

METHOD（前手抓板后刃前部，身体与雪面水平）

CRAIL（后手抓板前刃中部，后腿屈、前腿伸）

INDY（后手抓板前刃中部）

四、单板自由类项目——单板空中技巧（BA）

单板空中技巧：

① 单板空中技巧基于滑雪者在场地上利用小雪包进行的飞跃，伴随着滑雪者水平的不断提高，最终可在人工跳台上进行跳跃，这样飞行的距离越来越远，飞起的高度也越来越高。近年来在追求高度、远度的同时人们又开始追求空中技巧的难度，空中抓板、转体、空翻及3类动作的组合代替了单纯的直线飞跃。

② 单板的空中技巧项目充满了惊险与刺激，它表现了滑雪者向极限挑战的精神，因此非常受人们的喜爱，其基本技术动作包括助滑、起跳、空中技巧、着陆。

单板空中技巧

单板空中技巧（BA）是世界杯正式竞赛项目。

我国至今尚未正式开展单板空中技巧项目。

五、单板自由类项目——单板追逐赛（SBX）

单板追逐赛：

① 该项目是4人同场进行比赛。比赛是对运动员滑行技巧及抗干扰能力的考验，到达终点的名次是决定胜负的关键。比赛方式采用淘汰制，名次列前者将进入下一轮比赛。

② 场地的落差为100～240米，滑道的宽度40米以上。场地上设置了诸多的波浪坡面、跳台、平台、雪包等障碍。

③ 运动员在比赛中必须戴头盔。抢滑、推拉其他运动员或者离开滑道滑行均属于犯规，将被取消比赛资格。

单板追逐赛（SBX）为冬奥会正式竞赛项目。

在2006年意大利都灵冬奥会上单板追逐赛（SBX）被列为正式比赛项目。

我国至今尚未开展该项目。

单板追逐赛

准备篇

Snowboarding

一、单板滑雪器材

单板滑雪的器材、装备包括：滑雪板、雪鞋、固体器、滑雪镜、滑雪服、手套、帽子、护具。

二、单板滑雪板的种类

单板滑雪的滑雪板大体上可以分为：高山和自由两大类，每类雪板中还可详细分为不同用途不同型号的雪板。

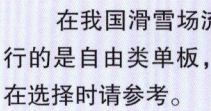
在我国滑雪场流行的是自由类单板，在选择时请参考。

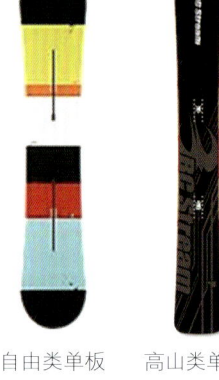

自由类单板　　高山类单板

三、单板的选择

① 滑雪者首先应考虑追求的目的，是追求速度还是追求滑行的自由和技巧。追求速度应该选择高山滑雪用板，若追求技巧，则应该选择自由类雪板，我国大众单板滑雪者多为自由类单板爱好者。

② 滑雪板的来源可以是租借，也可以是个人购买。如果是初学者初次购买滑雪板，建议购买价格适中或者购买二手滑雪板，因为初学者对单板性能很难体会、理解，而且初学阶段易造成雪板板面的划损及板尖的轻度损坏。如果出于经济的考虑，在滑雪场租用滑雪板也是不错的想法，可以在滑行达到一定能力和水平之后再购买性能好一点的滑雪板。

③ 建议初学者在选择自由类雪板时还要考虑两方面因素，一是雪板的长度，二是雪板的软硬度。

○自由类单板的长度：雪板应该比身高短20厘米左右。

○单板的软硬度：建议初学者选择软板为好。

雪板高度参考

四、单板滑雪鞋、固定器的种类

单板滑雪鞋和单板固定器同单板一样,无论是自由类还是高山类,种类繁多,大体上可以分为:竞技用和大众用。自由类的单板、固定器和鞋还可以分为:U型场地滑雪用、场地公园用、一般雪上滑行与技巧用、全能型等。

建议大众初学者使用大众全能型单板、固定器和滑雪鞋。

五、单板滑雪鞋、固定器的选择

建议滑雪者在选单板鞋时一定要合脚。鞋过大,脚在鞋内滑动,不容易控制雪板,且容易造成脚部磨伤。鞋过小,虽容易控制雪板,但容易造成脚部损伤。

固定器的选择:首先注意固定器规格的大小,要与鞋的规格大小一致,其次注意卡子性能是否良好,卡紧、解开是否自如。

高山单板固定器

高山单板鞋

自由单板固定器

自由单板鞋

六、单板固定器安装的宽度、角度

固定器安装的宽度和角度没有明确的规定，应该因人而异，固定器的安装应考虑如下两个方面：

① 两脚之间的宽度。一般两脚的宽度应与自己的肩同宽，膝关节的屈伸应自如。两脚之间的宽度若大于肩宽，膝关节的屈伸则受限且重心前后移动不便，也不便于利用雪板弹性。两脚之间的宽度若小于肩宽，虽然易于利用雪板的弹性，但平衡则不易掌握。

② 固定器的角度。即固定器纵向中心线与雪板的纵轴线之间形成的角度。角度分为3个方向，角度中间为零，向前为正，向后为负。一般自由类滑雪板固定器的安装角度多为前脚选择46°～30°、后脚–6°～15°。

自由类单板固定器的安装角度：

建议初学者固定器的角度为前脚+6°～+8°；后脚–6°～–8°采用两脚尖稍微外展（外八字）因为这样的角度有利于正、反脚技术的全面掌握和技术的均衡提高。

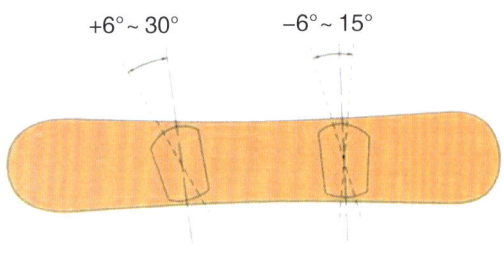
+6°~30°　　　–6°~15°

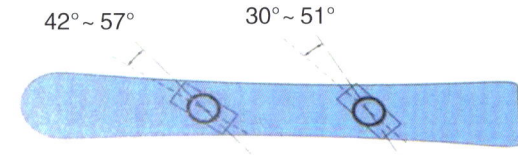
42°~57°　　　30°~51°

高山单板固定器的安装角度：

固定器安装角度如上图。前脚固定器的角度比自由类的安装角度更向前。

固定器安装之后的图片

七、自由单板滑雪的服装、护具

单板滑雪的服装一般比较宽松。在选择服装时除了颜色的搭配之外,还应该注意选择服装的保温、防风、透气、防水性能。

在我国进行滑雪,尤其是在东北滑雪,保暖是前题,滑雪时应该穿戴好服装、帽子、手套等以免冻伤。

未雨绸缪,为了初学者学习滑雪的安全,护具是必需品:头盔、护臀、护背、护腕、护肘、滑雪镜。

头盔是初学者的必需品

护臀

护背

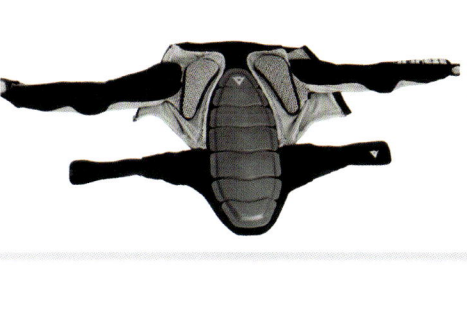

基础篇

Snowboarding

一、前脚的确定

① 单板滑雪是两脚横向踩在一块雪板上,从板尖领先滑行方向来判定,两脚必然是一前一后,板尖侧的脚为前脚,板尾侧的脚为后脚。

② 作为初学者首先应该确定自己是左脚在前还是右脚在前。

③ 一般是左脚在前,左撇子的人则右脚在前。如果在确定前脚时犹豫不定,可以参照如下方法决定:

踢足球时为一脚支撑,一脚踢球。踢球的脚可为后脚,支撑脚为前脚。

二、雪板的携带

在滑雪场雪板携带方法如左图。板底贴上体,手握两个固定器之间,这是安全、放松的单板携带方法。

三、雪板的放置

为了防止雪板在山坡上自然滑下,雪板的正确放置方法如下图。

固定器着雪面放置

单板用语
① 板尖:滑行前方雪板的尖部。
② 板尾:滑行后方雪板的尖部。

前脚 板尖

四、在平坦雪面站姿固定雪板的方法

在平坦的雪面上放平雪板稳定之后：

① 一脚脚尖踩住单板中部，脚跟踩住雪面。

② 另一脚穿在固定器上，先固定踝关节处的卡子后再固定脚尖处的卡子，卡子不要固定得过紧。

③ 固定一只脚之后再固定另外一只脚，两脚固定之后自然站起。

注意事项：

双脚固定后站起时身体重心要保持在两脚之间，防止重心偏向一侧产生重心偏移而摔倒，站起时不要速度过快。

箭头为身体重心投影点

单板用语：

① 固定器：将单板和单板鞋固定在一起的器材。单板固定器固定之后是不能够自行脱落的。

② 固定器卡子：固定器上用于卡紧、解放雪鞋的两个部件。一个固定器上一般有两个卡子，两个卡条。

五、在山坡上面对山下坐姿固定雪板和站起方法

① 面对山下坐下,用后刃刻住雪之后再分别固定两脚。

② 固定之后在山坡上站起对于初学者来说也不是一件容易的事,因为单板滑雪对平衡能力要求较高,而且还是在山坡上,难度就更大了,要求滑雪者站起时能够用后刃刻住雪面,保持身体重心在雪板的中心位置,慢慢站起。

单板用语:

① 前刃:雪板脚尖侧板底的钢边。

② 后刃:雪板脚跟侧板底的钢边。

① 逐一固定滑雪鞋。

注意事项:

① 在固定器固定双脚之前,雪板不能离开手,防止雪板滑下山坡。

② 固定器固定双脚之后,控制雪板的方向一定要与垂直下落线相垂直,否则雪板容易失控下滑,容易摔倒。

③ 从半蹲到站起,一定要慢慢进行。

② 双脚固定之后,一手抓住前刃,一手在身后支撑。

③ 身体重心逐渐向前移动,抓板刃的手松开,支撑雪面的手臂加大支撑力。

前刃

④ 支撑手臂离开雪面,身体重心完全移到雪板中心位置。

⑤ 保持重心位置,慢慢站起,稍微用后刃刻雪。

六、双脚固定后180°改变方向的方法

双脚固定后身体由跪姿变为坐姿的方法如图所示。

注意事项：
① 在转动过程中不要使腿部完全伸展，应该屈腿进行转动。
② 转动结束之前注意控制雪板转动的速度，防止雪板惯性砸下。
③ 在转动过程中注意眼睛随时注视板尖。

俯卧雪面，头部在山上方向。

板尖支撑于雪面，身体向左转。

转动时注意上体转动和雪板的转动同步进行。

说明：
把从俯卧开始到坐姿的动作顺序反向进行就是坐姿变为跪姿的180°改变方向的方法。

转动完毕，雪板后刃着雪，坐起。

单板用语：
① 雪辙：雪板在雪面上滑过之后留下的痕迹。
② 板面：安装固定器的一面，一般有彩色图案、商标。
③ 板底：单板着雪滑行的底面。

七、背对山下的站起方法

注意事项：

① 该动作因为是背部对着山下，初学者一般会产生恐惧心理，练习时应该选择先从缓坡开始练习，逐渐过度到中坡。
② 不能够立刃刻住雪面是产生拖滑和摔倒的原因。
③ 防止双手推动过猛，造成身体不平衡。
③ 控制雪板一定要与垂直落下线相垂直。

① 双脚固定之后，双手支撑雪面。

② 前刃立刃刻住雪面，伴随重心后移，双手慢慢离开雪面。

③ 减小前刃刻雪角度，逐渐站起。

④ 站起之后注意保持重心稳定。

单板用语：

① 立刃：雪板前刃或后刃离开雪面，与雪面呈一定的角度，一侧板刃刻入雪面的雪板状态为立刃。
② 前刃立刃：后刃抬起离开雪面，前刃刻入雪面的状态。

八、面对山下从跪姿到站姿的方法

① 从跪姿开始。

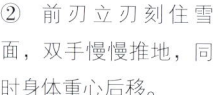

② 前刃立刃刻住雪面，双手慢慢推地，同时身体重心后移。

③ 前刃刻住雪面，重心后移，单手推离雪面，另一手后摆。

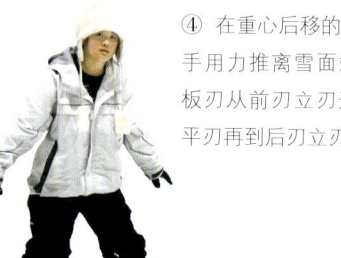

④ 在重心后移的同时单手用力推离雪面站起，板刃从前刃立刃过渡到平刃再到后刃立刃。

注意事项：

① 该动作有一定的难度，应该循序渐进地练习。

② 站起来之后变刃是重点，如果不能够迅速将前刃变为后刃，就可能会摔倒，所以站起之后重心应该立刻后移，两脚尖上提，两脚跟下压进行变刃。

动作要点：

① 前刃刻住雪地面、重心后移。

② 双手推地同时重心后移，前刃支撑。

③ 一手支撑，一手后摆，站起，保持前刃刻住雪面。

④ 站起之后注意将前刃立刃变为后刃立刃，身体维持平衡。

单板用语：

WSF：世界单板联盟。

九、向前安全摔倒的方法

动作要点：

①迅速降低身体重心，同时重心前移。
②手臂伸出，向前滑动。
③尽量利用胸、腹、大腿前部大面积着雪。
④身体着雪之后尽快抬起雪板。

③手臂接触雪面之后迅速前滑。　　　　　①②迅速降低身体重心，前刃刻雪，重心前移。

④前扑，身体伸展，利用胸、腹、大腿前部大面积着雪，抬起雪板。

单板用语

安全摔倒：依据摔倒技术动作进行的主动摔倒，依据该技术动作的摔倒可以有效减小损伤的程度和损伤事故的发生。

注意事项：

①在失去平衡之后身体不要挣扎，在挣扎中摔倒容易产生损伤。我们应该明确认识到滑雪摔倒是正常的事情。
②在摔倒时禁止用手臂撑雪面，否则会造成腕部骨折。
③身体前部着雪面积越大越安全。
④进行安全摔倒练习时不要向山下方向进行，而应该向山上或横向进行。

十、向后安全摔倒的方法

动作要点：
① 失去重心时不要挣扎。
② 迅速降低身体重心。
③ 团身后坐，防止身体展开。
④ 抱头和屈腿同时进行。
⑤ 尽量用后背着雪。
⑥ 摔倒后不要滚动。

① 摔倒前的姿势。

② 迅速降低重心。

③ 后坐、屈膝、抱头。

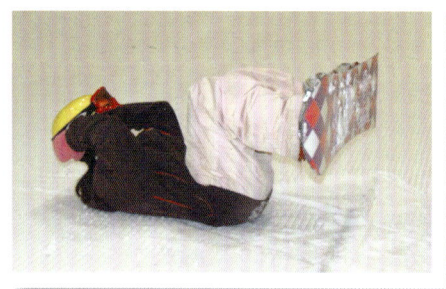
④ 后背全部着雪，抬起雪板。

错误 ✗
头部着雪

正确 ✓

单板用语
① 单板运动：两脚踩在一块滑雪板上的雪上运动。
② 单板板刃：单板两侧的钢边。

注意事项：
① 向后摔倒时务必防止头部着雪，这是产生休克的直接原因。
② 练习时可以在中坡，头部向山上方向进行练习。

十一、最危险的摔倒姿势——逆刃摔倒

①前刃滑行。

②逆刃瞬间后刃刻雪。

③头部锤头运动,易产生严重损伤。

①后刃滑行

②逆刃瞬间前刃刻雪

③头部锤头运动,易产生严重损伤

单板用语
逆刃摔倒:正常滑行一般为山上侧板刃着雪,而逆刃不是用山上侧板刃着雪,相反瞬间用了山下侧板刃着雪,这是非常危险的错误动作。

最危险的摔倒:逆刃摔倒比平地摔倒更加危险,平地摔倒最大角度为90°,逆刃摔倒的角度为90°加坡度,坡度假如20°,摔倒运动的角度则为110°,加之逆刃摔倒经常出其不意,所以自我保护非常困难,它是产生严重损伤,甚至造成死亡的主要原因。

十二、预防损伤须遵循的原则

为了预防损伤必须遵循以下原则

①方便、保暖的服装；
②初学者应该有教师指导；
③充分进行准备活动；
④良好的身体状况，有充分的睡眠；
⑤平整自己摔倒压出的雪坑；
⑥禁止滑行中"加塞"，追逐打闹；
⑦禁止超速滑行，勿过于自信；
⑧寒冷天气应缩短练习时间；
⑨发生事故后勿勉强行动，应及时呼救。

实践证明，滑雪损伤的大部分原因是由于自己摔倒造成的，造成摔倒及造成损伤的主要原因有如下几点。

1. 准备活动不充分

充分的准备活动不但会使身体机能和精神都进入兴奋状态，而且对提高身体的肌肉力量、灵敏、平衡、协调、柔韧及关节的灵活性和动作的幅度都有极大的作用，从而可以有效地减少损伤的发生。

2. 超速滑行

超速滑行，是指超过自身技术及速度训练程度界限的快速滑行。较严重的损伤往往出现在超速滑行的摔倒之中，因此，在滑行中应时刻控制自己的情绪，切不可超越自己的滑行技术和能力来寻求刺激。例如有的人甚至在尚未掌握转弯、不会停止的情况下就进行所谓的"速降"。超速滑行不但容易造成自身的损伤，也会给其他滑雪者造成损伤。

3. 睡眠不足，身体状态欠佳

身体状态欠佳及睡眠不足都可引起反应迟钝、无力、精力不易集中、身体不协调，而这些现象都可导致摔倒与冲撞的情况发生，继而造成损伤。因此，进行滑雪运动时应具备良好的身体状态、充沛的体力和最佳的精神状态，只有这样才能有效地防止损伤的出现。

4. 对场地情况不了解

滑雪前首先应询问并观察线路情况，对于场地危险地带、陡坡、特殊雪质、大的凹凸等应有一个大概的了解，做到心中有数，这样才有可能对滑行中出现的问题采取相应的措施，以减少意外事故的发生。

5. 未掌握安全的摔倒方法

摔倒不一定都会造成损伤，而不正确的摔倒姿势却与损伤的出现有着非常密切的关系。有时一个极正常的摔倒，但由于自我保护的姿势错误，也可能导致较严重的损伤。滑雪时摔倒是不可避免的，但危险的摔倒姿势却是可以避免的。掌握安全的摔倒方法，是有效减少损伤次数和损伤程度的一个重要因素。

十三、滑雪前的准备活动

在白银色的世界里，呼吸着清新的空气，悠然地从山上降下，身后推起层层雪浪，雪面留下浪漫的雪辙，自己也仿佛融进美丽的大自然之中，这就是单板滑雪者美妙的感觉。为了使你在滑雪过程中获得愉快和满足，充分的准备活动不可缺少。滑雪季节一般气温较低，对于滑雪者来说运动能力相对下降，此时进行准备活动就显得更加重要。

滑雪的准备活动大体包括两方面内容：一方面是使身体发暖的练习，另一方面是提高肌肉韧带弹性和关节的运动幅度及灵活性的练习。

通过准备活动使身体发暖，提高中枢神经系统的兴奋性和全身新陈代谢的水平，提高肌肉韧带的弹性和柔韧性，克服各种机能活动的惰性，为滑雪练习从机能上做好准备。通过准备活动也可以使滑雪者在心理上做好准备，使滑雪者整体进入滑雪运动状态，这样可有效地防止拉伤、扭伤等损伤的发生。充分适宜的准备活动是滑雪前必不可少的内容。

使身体发暖的练习方法有很多，可因地制宜地进行。一般采用原地跑、跳等一般性活动并且配合一般性体操。时间掌握在10分钟左右，一般性准备活动不应过大地消耗体力但又应能使身体发暖。提高肌肉弹性和关节灵活性的拉伸活动一般都放在身体发暖练习之后进行。

准备活动顺序及参考时间

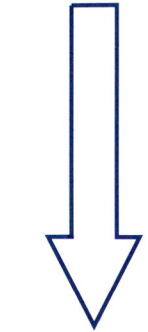

身体发暖活动：10分钟

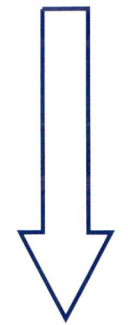

各种拉伸运动：10分钟
（拉伸运动练习方法参见拉伸部分）

基本篇-基础技术

Snowboarding

一、单板滑雪的基本滑行姿势

动作要领：

单板滑雪的滑行姿势包括高姿势、基本姿势、低姿势。

在此专讲基本姿势。

① 面向滑行方向，目光前视。

② 前臂自然微屈，手指向前方，后臂微屈置于体侧。

③ 两腿弯曲，身体垂直于板面，身体重心在两腿之间。

要点：

建议初学者采用基本姿势，基本姿势对腿部负担较小，该滑行姿势由于重心相对稳定，有利于在滑行中控制身体平衡，易于学习、掌握技术。

场地选择：

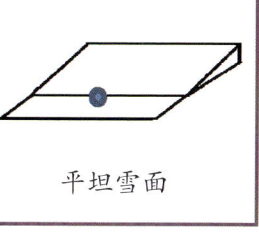

平坦雪面

注意事项：

在进行基本姿势练习时，要防止身体重心不稳定。

① 高姿势　　② 基本姿势　　③ 低姿势

单板用语

① 缓坡：坡度为 0°～10° 的坡面。

② 中坡：坡度为 10°～20° 的坡面。

③ 陡坡：坡度为 20°～30° 的坡面。

二、单脚固定后的改变方向

动作要领：

① 支撑腿稳定的支撑是改变方向的基础。

② 依次平行转动改变方向时，每次雪板转动的角度可以逐渐加大。在身体和支撑腿转动的同时雪板也进行平行转动是完成动作的关键。

单板用语

卡宾雪板：为使更多滑雪者都能较容易地掌握转弯技术而开发出的腰身窄的滑雪板称为卡宾雪板。

场地选择：

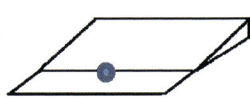

平坦雪面

1. 单脚支撑，单板几乎不离开雪面，依次平行转动180°改变方向（右脚固定）

③ 转动到180°后，雪板后刃着雪。

② 身体和支撑腿转动的同时雪板也平行转动。

① 左腿支撑，右腿用力稍稍提起雪板。

2. 单脚支撑，提起单板一次性转动雪板180°改变方向（右脚固定）

③ 控制板尾摆动的方向和角度。

② 两臂维持平衡，左脚稳定支撑。

① 右脚用力向侧上方抬起。

注意事项

提起单板一次性转动雪板180°改变方向，由于提起雪板高度较高，对初学者来说较难，因此初学者可以体验，不必强求掌握。

要点：

① 建议初学者采用单板依次平行转动180°改变方向的方法。身体重心及前后腿交换是顺利进行变向的关键。

② 提起单板一次性转动雪板180°改变方向动作的关键是支撑腿的稳定支撑和对提起雪板的高度、转动方向的控制。

世界冠军教单板

动作要领：

① 支撑腿稳定支撑身体并适时转动。

② 转体带动雪板时，要控制雪板抬起的高度。

③ 在身体与雪板转动的同时应该控制好雪板的平衡。

④ 雪板转动到180°之后，重心应该放在两腿之间。

要点：

身体保持直立，在转动完成之前，重心完全放在支撑腿上。

场地选择：

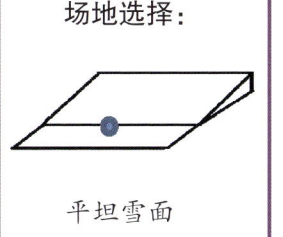

平坦雪面

3. 单板依次平行转动180°改变方向（左脚固定）

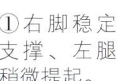

① 右脚稳定支撑、左腿稍微提起。

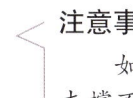

② 转体的同时带动雪板转动。

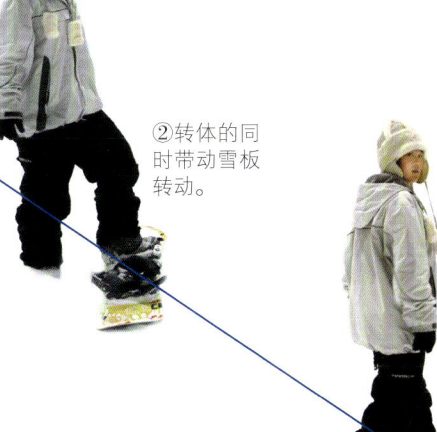

③ 转动到180°后，身体重心不要完全移到雪板之上。

注意事项：

如果支撑腿支撑不稳，上体就不能够保持直立姿态。

单板用语

支撑腿：支撑身体重心并承担体重的腿。

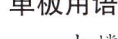

从容开始学习单板滑雪

三、单脚固定后的移动

1. 单蹬单滑，单蹬腿在单板的后刃侧，连续蹬动，直线滑行。

动作要领：
①身体重心完全放在支撑腿上。
②单蹬腿连续向后蹬、收。
③支撑脚控制滑进方向。
④目光向前，两臂自然放松，不必用意控制。

单板用语
蹬动脚：没有被固定器固定在雪板上的脚。

①身体重心放在支撑腿上。

②蹬动脚连续蹬动，支撑脚控制方向。

③蹬动腿收腿速度要快。

注意事项：
①眼睛不要看脚下。
②要防止身体重心移动到蹬动腿上。
③上体不宜过于前倾。
④防止蹬动脚脚尖踩雪板。

场地选择：

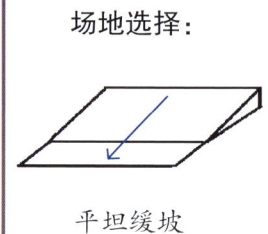

平坦缓坡

身体正面图

要点：
①身体重心的位置和支撑脚控制方向是关键，控制不稳很难直线滑行。
②练习时尽量利用平坦缓坡练习该动作。
③初学者练习时注意不要速度过快。
④连续蹬动获得一定的速度之后，可以将蹬动脚踏上单板，体验双脚支撑自由滑行。

场地选择：

平坦缓坡

2. 单蹬单滑，单蹬腿在单板的前刃侧，连续蹬动，直线滑行。

身体重心始终在支撑腿上

动作要领：
① 身体重心完全放在支撑腿上。
② 单蹬腿连续向后蹬、收。
③ 支撑脚控制滑行方向。
④ 目光向前，两臂自然放松，不必用意控制。
⑤ 蹬动步幅不要过大。

单板用语：
① 单蹬单滑：一只脚连续蹬动雪面，另一只脚固定在固定器上，承担体重的滑行方法。
② 单蹬双滑：一只脚一次或连续几次蹬动雪面之后踏上单板，两脚共同承担体重的滑行方法。

① 蹬动腿连续后蹬。

② 两臂自然放松，支撑脚控制方向。

③ 重心放在支撑腿上。

要点：
① 蹬动腿蹬动幅度不宜过大。
② 在山坡上向下滑行时，支撑脚控制方向与身体重心的稳定性是顺利滑行的要点。
③ 连续蹬动获得一定的速度之后，可以将蹬动脚踏上单板，体验双脚支撑自由滑进。

注意事项：
① 要注意蹬动脚不要踩在雪板上。
② 蹬动步幅不宜过大，若蹬动步幅过大，会导致重心不稳。

世界冠军教单板

3. 蹬坡，非固定脚向前迈进，固定脚向前跟进。

动作要领：

① 支撑腿完全支撑体重，后脚前移，贴紧前脚跟，雪板前刃支撑之后前脚再向前迈出，两脚连续依次蹬坡。
② 上体前倾角度随着坡度的增加应越来越小。
③ 上体和手臂一定要放松。
④ 目光向前观察，头颈部自然放松。

要点：

蹬坡速度是该技术动作的关键，在连续蹬坡过程中，要注意步幅和雪板的正确支撑。

场地选择：

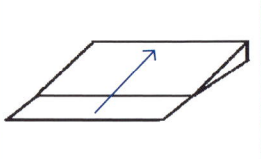

缓坡10°

④ 固定脚前刃支撑，非固定脚向前迈进。

③ 非固定脚支撑，固定脚向前跟进，雪板前刃着雪。

② 非固定脚从后大步向前迈出。

① 固定脚在前。

单板用语

垂直落下线：也称滚落线，是从山上到山下的最短直线距离。

注意事项：

① 防止雪板前刃撞到非固定脚的脚跟。
② 雪板着雪时应与垂直落下线有角度，否则易造成滑动。

世界冠军教单板

4. 单蹬—双滑—后刃停止，即单脚蹬动在获得一定速度后，蹬动脚踩在雪板上由双脚支撑自由滑行，然后用雪板后刃立刃停止。

要点：
①蹬动脚蹬动之后迅速踏上单板，并且用脚外侧贴紧后固定器是身体是否稳定的关键。
②初步体验后刃停止技术动作时，自由滑行速度不宜过快。

场地选择：

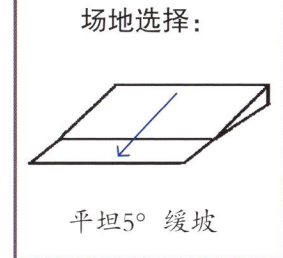

平坦5°缓坡

动作要领：
①蹬滑动作同单蹬单滑的动作。
②蹬动之后单蹬腿迅速踏上单板，滑雪鞋紧贴后面的固定器。
③身体重心放在两脚之间，保持一段自由滑行。
④准备后刃立刃停止时，逐渐向前推出后脚，将雪板推成横向，做该动作的同时身体逐渐向后倾倒，逐渐立刃。
⑤停止后快速站起。

①单蹬结束，单蹬脚迅速踏上雪板，并用脚外侧贴紧后固定器，自由滑行。

②准备后刃立刃停止时，身体逐渐开始后倾，推出后脚。

③逐渐加大后倾和立刃角度推出后脚。

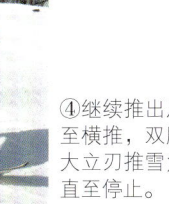
④继续推出后脚至横推，双脚加大立刃推雪角度直至停止。

直腿后倾为错误动作

错误 ✗

单板用语
立刃角度： 当单板前刃或后刃刻雪时，另一侧板刃离开雪面后与雪面形成的夹角为立刃角度。

注意事项：
①后刃立刃停止时，要逐渐推出后脚，切勿推出时后脚用力过大。
②后刃立起角度过大，而身体过于后倾是初学者经常出现的错误。
③直腿后倾是摔倒的直接原因。
④停止后应该迅速站起。

从容开始学习单板滑雪

世界冠军教单板

5. 单蹬—双滑—前刃停止，即单脚蹬动在获得一定速度后，蹬动脚踩在雪板上由双脚支撑自由滑行，然后利用雪板前刃立刃停止。

场地选择：

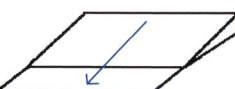

平坦5° 缓坡

动作要领：
①前刃停止动作开始时，要稍转体、倾倒和小立刃。
②伴随着转体，后脚逐渐用力向后用前刃刮雪推出，防止突然用力。
③逐渐转体，加力推雪到停止，停止之后身体注意维持平衡。

要点：
①蹬动脚站上雪板之后一定要紧贴后面的固定器。
②转体、立刃、倾倒、蹬出这几个动作几乎同时进行，前刃推雪时应逐渐加大角度和力量。

①蹬动脚站上雪板，进行直滑降。

单板用语
立前刃：脚尖侧的板刃刻雪，脚跟侧的板刃离开雪面为立前刃。反之为立后刃。

②准备前刃立刃停止时，开始转体、倾倒、前刃立刃。

③后脚向身后推雪，保持平衡。
④停止后身体保持平衡。

注意事项：
①由于背对山下，容易产生恐惧心理，建议先在平坦雪面进行练习，以减少顾虑。
②在进行前刃立刃停止练习时应先减速再停止，切忌突然发力停止。

Snowboarding

基本篇-基本技术

一、横滑降—停止

1. 后刃横滑降—后刃停止

要点：
① 横滑降是初学者必须掌握的技术之一。
② 横滑降是滑雪者沿着垂直落下线，向山下横向推滑，是调节速度的滑行方法，在滑行时要体会对后刃的控制。
③ 能够在不同坡面匀速、直线推滑是掌握该技术的标准。

场地选择：

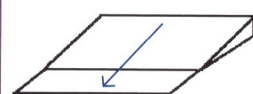

平整缓坡5°

注意事项：
① 注意防止两腿用力不一致而出现斜滑。
② 准备停止时不要突然用力。
③ 初学者滑行距离不宜过长，可以进行20～30米的距离。
④ 严防前刃刻雪，造成摔伤。

① 在平坦雪面练习，臀部稍后坐，上体微前倾，雪板横对山下，两臂前举，平刃着雪。

② 身体重心不要偏向板尖或者板尾，稍微抬起前刃开始向下滑动。

③ 两脚控制立刃的角度应一致，上体要稳定，利用立刃的强弱来控制速度。

动作要领：
① 控制雪板横对山下方向。
② 通过控制立刃的角度来控制速度。
③ 上体放松。
④ 停止时应降低身体重心、加大后坐、加强立刃、加大向雪板施加的压力。
⑤ 停止后马上站起。

单板用语

加压：通过上体、腿部、脚部向雪板或雪板的某部分施加压力。

④ 准备停止时，逐渐降低重心，后坐，加大立刃角度和向雪板逐渐加压至停止。

⑤ 停止后应该迅速站起。

2. 前刃横滑降—前刃停止

动作要领：

①在基本滑行姿势的基础上身体稍微前倾，转头看山下方向。

②控制提踵力度，保持后刃稍微抬起，前刃刮雪滑行。

③通过立刃角度的大小来控制下滑的速度。

④停止时应做到三个"逐渐"，即逐渐降低重心、逐渐加大立刃、逐渐加压。

要点：

①初学者在坡面上很难平稳站立，尤其是背对山下方向，建议选择平整的，在坡面上平稳站立后再进行下滑练习。

②前刃横滑降时注意保持上体放松、转头。

单板用语

立刃：提起雪板一侧的板刃，另一侧的板刃在雪面支撑。

① 保持前倾的基本姿势，头部后转，平刃着雪。

② 脚跟提起，前刃刮雪开始下滑，注意通过立刃角度的大小来控制速度。

③ 通过逐渐降低身体重心，逐渐加大前倾角度，逐渐加大立刃角度、逐渐加压进行停止。

④ 停止后保持前刃刻雪，站起。

场地选择：

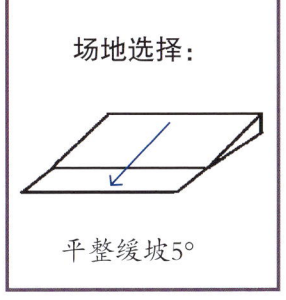

平整缓坡5°

注意事项：

①当不能保持前倾的基本姿势时，头部转动带动了转体，重心偏向转动方向是原因之一。在练习过程中要求滑雪者放松转头。

②初学者立刃角度控制不好，可以通过练习逐渐体会立刃的感觉，这也是进行横滑降练习的目的之一。

③雪板不能沿着垂直落下线直线滑降，原因一般为重心位置偏向一侧或立刃时两脚的力量不均或出现转体姿势。

④在下滑过程中，严防后刃刻雪，在前刃横滑降中后刃刻雪就是"逆刃"，这是造成严重损伤的原因。

二、斜滑降—停止

1. 斜滑降—单臂引导

动作要领：
① 身体保持基本滑行姿势。
② 视线与引导滑行的手臂应该保持一致。
③ 依靠髋、膝关节角度的变化来保持姿势的稳定，调节高度和减震。

场地选择：

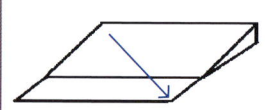

平整雪面5°缓坡接上坡。

注意事项：
① 斜滑降是在山坡雪面上的斜向移动，见右上角场地选择图。所以要时刻注意其他滑雪者，避免发生冲撞。
② 在髋、膝、踝关节适度弯曲的基础上进行立刃，腿部肌肉要保持适度紧张。

① 保持基本姿势。

② 用小后刃刻雪，抬起前臂，手与视线方向一致。

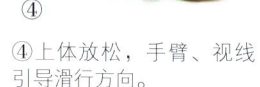

③ 在斜滑降中保持雪板方向与滑行方向的直线性。

④ 上体放松，手臂、视线引导滑行方向。

⑤ 通过调节膝、髋关节的角度来减震。

⑥ 匀速直线滑行，至上坡自然停止。

要点：
① 后刃刻雪斜线向山下方向滑行时须伸出前臂引导方向。
② 保持基本姿势，身体不要有多余扭动。
③ 保持正确的视线和髋、膝、踝的角度及立刃的角度的大小。初学者按着设定的路线进行滑行有利于技术的掌握。滑行时保持身体重心在两脚中间，后刃滑行时要通过翘起脚尖来控制立刃。

单板用语
① 横滑降：单板沿着垂直落下线横向直线滑降。
② 斜滑降：板刃直线斜着滑过坡面的滑行。

2. 后刃斜滑降—后刃停止

单板用语

着雪：雪板的某一部分（板底、板尖、板刃等）与雪面的接触。

场地选择：

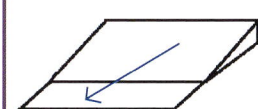

平坦雪面，缓坡5°～10°

① 板尖对准方向，后刃刻住雪面。

② 重心稍向前腿移，保持正确姿势。

③ 在滑行过程中始终保持后刃刻住雪面。

④ 开始提起重心，将体重60%～70%移向前脚，左臂开始引导转体。

⑤ 后脚向前推出，臀部逐渐下坐，同时加大立刃，两臂前举。

⑥ 臀部下坐加压，立刃逐渐加大，停止之后马上站起。

要点：
斜滑降滑行的距离要依据坡度的大小来决定，坡度大距离要短一些。初学者能够保持斜滑降技术之后，开始进行后刃停止的练习。

动作要领：
① 斜滑降要注意视线、领前手臂及肩部、板尖均为一个方向。
② 停止时，手臂引导转体，推出雪板、加压、立刃均为逐渐进行。

注意事项：
斜滑降是学习卡宾转弯技术之前应掌握的技术。斜滑降练习时，要注意利用身体姿势和对板刃的控制来滑行。

世界冠军教单板

3. 前刃斜滑降—前刃停止

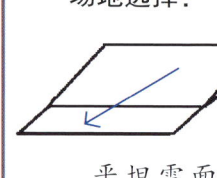

场地选择：

平坦雪面，
缓坡5°～10°

① 屈膝斜滑降开始。

② 前刃刻雪，手臂引导。

③ 视线、手臂板尖方向一致。

④ 通过提踵调节雪板立刃大小。

⑤ 保持滑行方向。

⑥ 重心前移，开始转体，后脚向后下方推雪。

⑦ 逐渐加大立刃和后脚向后推雪的力量至停止。

单板用语

提踵：向上提起脚跟。

要点：
① 在练习前刃停止技术前应熟练掌握前刃斜滑降技术。
② 前刃斜滑降技术是用刃的基础，应正确掌握，该技术同后刃斜滑降一样是进行弧线滑行的基础技术。

动作要领：
① 保持基本滑行姿势。
② 前臂、视线、板尖方向一致。
③ 在滑行时膝关节保持下压，提踵，小腿前屈，前刃刻住雪面滑行。
④ 停止时，重心移向前腿，身体稍向山上侧倾，后腿逐渐向山下方向进行立刃推雪。

注意事项：
应在掌握后刃斜滑降技术后再学习前刃斜滑降技术，在练习中可以设定标志物进行直行斜线练习，这对技术水平的提高非常有益。

4. 改变高度的前刃斜滑降

要点：
① 沿着斜线滑行是控制雪板能力的表现。
② 重心提高和降低的频率，随着滑行水平的提高可以由慢变快。
③ 重心上下的变化不要影响滑降方向，该练习实际上就是三种不同姿势的变化。

场地选择：

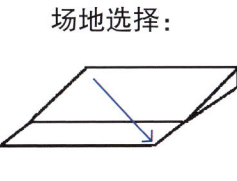

平坦雪面，
缓坡5°～10°

① 斜滑降开始。

动作要领：
① 在连续改变高度的过程中要保持正确的斜滑降姿势。
② 在滑降的过程中连续提高和降低身体重心时，身体必须保持前后左右的稳定。
③ 在提高、降低重心的过程中要保持视线、板尖、手臂方向的一致性。
④ 在滑行中通过提踵立刃来控制后刃立起的角度。

② 保持正确姿势和方向，稳定降低身体重心。

③

③ 手臂、视线、板尖方向不变，再稳定提高重心。

④

④ 再一次降低重心，保持滑行方向。

单板用语
直滑降：单板垂直沿着垂直落下线直线下滑。

注意事项：
在重心提高的过程中，由于引身的原因，雪板对雪面的压力减小，要防止因此而引起的方向改变。

⑤

⑤ 然后再次提起重心，同时要注意控制滑行方向。

三、直滑降—停止

1. 直滑降—后刃停止

动作要领：

①要保证身体重心投影点的准确性，两臂自然放松，做出基本姿势。

②为了能够滑出直线，应稳定及时地调节身体重心位置、平刃着雪和板尖的方向。

③停止时身体重心上提并稍前移，用后脚发力将板尾逐渐推出，使雪板形成横推的状态，之后降低重心，后倾，逐渐加大立刃，加压至停止。

注意事项：

①在做后刃停止动作时，容易出现逆刃现象（前刃刻雪）而向山下方向摔倒，应充分注意。

②准备停止时要有重心前移的意识，否则后脚向前推出难度加大，会不顺畅。

①保持基本滑行姿势开始滑降。

②在滑降过程中保持身体重心并要控制平刃着雪。

③准备停止时先提高重心然后前移重心。

④重心提高的同时进行转体，平刃变后刃，后脚向前推出。

⑤逐渐推雪至横滑降状态，逐渐加大向前推出的力度，同时身体下坐。

⑥停止后依旧用后刃刻住雪面，迅速站起。

身体重心投影点在两脚之间雪板纵轴线上的中间。

场地选择：

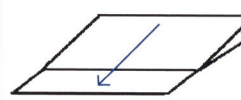

缓坡5°～10°

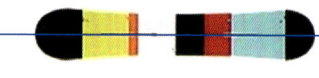
雪板纵轴线

单板用语

单板纵轴线：纵向贯穿于雪板中心的直线。

要点：

①能够进行直线滑降的关键是身体重心的位置和平刃着雪。

②停止时要做到四个逐渐加大，即转体、后坐、立刃角度和后刃向前推出力度。

2. 直滑降—前刃停止

动作要领：

①滑降时要保持直滑降的基本姿势，身体姿势由正面看不要有左右倾斜，雪板要紧贴雪面；由侧面看身体与坡面垂直而不要前、后倾倒。

②停止动作是由加大转体角度，及加大前刃向后推雪的力度而完成的。

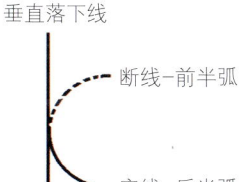

单板用语

前半弧、后半弧：一个半圆由前半弧和后半弧两部分组成。将滑向最大倾斜线的转弯部分叫做前半弧，相反，滑离最大倾斜线的转弯部分叫做后半弧。

①

②

③

④

⑤

⑥

①保持直滑降的基本姿势滑行。

②准备前刃停止时，要提高重心并前移，准备由平刃变前刃着雪。

③手臂、视线引导转体方向，逐渐抬起后刃进行转体。

④前刃支撑，继续转体并加大后脚向后推出的力度。

⑤雪板转至横对山下，继续向后推雪至停止。

⑥停止之后快速站起，保持平衡。

场地选择：

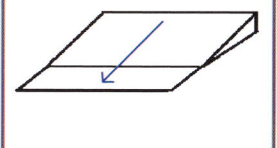

缓坡5°～10°

注意事项：

①滑雪者一般在开始滑降时都容易看脚下，这是由于紧张而产生的，要求滑雪者两眼注视滑进方向。

②滑行时，注意上体和肩部放松，两肩之间的连线与坡面平行是做出流畅滑行动作的条件之一。

③停止时不要突然强烈立刃和突然强力推雪。

④停止后要防止因站立不稳产生滑动而摔倒。

要点：

沿坡面直线滑下的直滑降，对于初学者来说比较困难。在练习的开始阶段要选择易于滑行的平坦雪面且坡度适宜，练习就会变得简单。

四、Z字滑降

1. 前刃Z字滑降（俗称：前刃落叶）

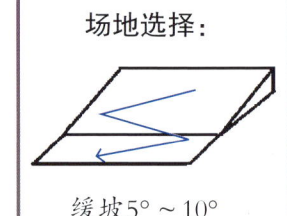

场地选择：

缓坡5°～10°

① 板尖对准前进方向，前刃刻住雪面。
② 进行稳定的斜滑降。
③ 开始提高重心，准备变向。
④ 开始转体。
⑤ 转体、前刃立刃向后推雪减速。
⑥ 推雪停止，两臂维持平衡，开始向右转体。
⑦ 转体进入前刃斜滑降。
⑧ 进行斜滑降。
⑨ 保持斜滑降的方向。
⑩ 准备变向。
⑪ 提高重心开始变向。
⑫ 后脚推出、身体前倾，双手伸出维持平衡，至停止。
⑬
⑭ 前刃刻住雪面继续斜滑降。
⑮ 控制滑行方向，保证滑行的直线性。

要点：

Z字滑降是连续向左右两个方向，通过板尖和板尾的引领斜滑降的技术。要按着预想的滑行方向进行滑降，可以运用已经学过的斜滑降和停止技术进行练习。

动作要领：

1. 滑行-停止-滑行-停止应该自然进行。
2. 停止之前的减速应该逐渐进行。
3. 停止之后转体要慢，要稳定、自然的进行。

单板用语

Z字滑降：滑雪者在雪面上留下的雪辙为连续Z字形。流畅的滑行犹如树叶的落下状态，左右自由飘动，故俗称落叶滑降。

注意事项：

Z字滑降分为前刃和后刃滑降。通过该练习体会板尖和板尾的引领滑行，提高滑行方向的控制能力和掌握变向的技术。

2. 后刃Z字滑降（俗称：后刃落叶）

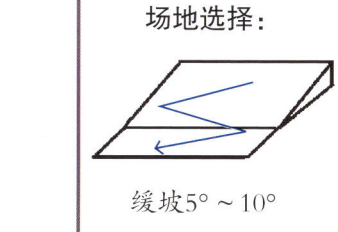

场地选择：

缓坡5°～10°

⑤ 斜滑降停止。
④ 逐渐加大立刃角度，后脚向前推雪。

③ 引伸开始。

② 手臂引导转体方向，开始转体。
① 后刃刻雪斜滑降。

要点：
①技术重点是在滑行—停止—变向—滑行的过程中，动作的自然、顺畅衔接是关键。
②在练习Z字滑降时，应有意识地改变下滑的角度、滑行的距离、停止的位置，以便提高自己的滑行能力。

动作要领：
Z字滑降时重心和上体方向要合理变化，前侧肩要引领滑降方向，随着身体重心的变化两脚承载的体重要变换。

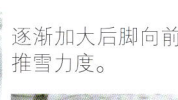
⑥ 转头，手臂引导进入另一个方向的斜滑降。
⑦ 引伸开始。

⑧ 手臂引导转体方向开始转体。
⑨
逐渐加大后脚向前推雪力度。
⑩ 斜滑降停止。

注意事项：
①Z字滑降可以有效地回避场地上的障碍，可以在陡坡、宽度不一的雪道和混乱场地上的滑行。练习的主要目的是掌握流畅的斜滑降技术，提高变向能力。
②从斜滑降到停止的引伸动作要自然连贯。

⑪
⑫ 逐渐提高重心。
⑬ 保持基本姿势进行斜滑降。
手臂引导继续进入斜滑降。

单板用语
引伸：伴随身体重心的提高，减小雪板对雪面压力的动作。

世界冠军教单板

五、直滑降—滑弧

1. 直滑降—后刃滑弧

动作要领：

① 从滑离最大倾斜线开始，进入半弧转弯，滑行过程中要体会上体的扭转、对雪板的加压和重心的移动。

② 后刃滑行时要防止转体过大。

场地选择：

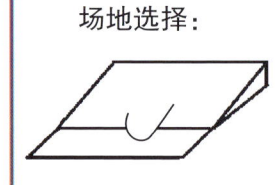

缓坡5°~10°

直线滑进。①

准备变刃：引伸展至身体直立，雪板平刃滑行，手臂开始引导转体。该动作是变刃的过渡动作。

保持直线滑行，准备提高重心。②

要点：

维持反向平衡是后刃滑弧的重点技术动作。反向平衡角度的大小是依据倾倒角度而改变的。

提高重心进行引伸。

④

④

开始倾倒，平刃变立后刃。

⑩

⑨-⑩ 由于倾倒角度大，所以要注意反向平衡。

逐渐加大立刃。③

单板用语

反向平衡：上体与倾倒方向形成"〉"字形状，是维持平衡的动作，称为反向平衡。

注意事项：

不要怕向后面摔倒，可以体验几次后刃滑弧，若强烈立刃倾倒之后可向山上方向坐下以免直接摔倒。

继续立后刃、倾倒、转体。⑨

开始转体，加大倾倒角度。

⑧ ⑦ ⑥ ⑤

2. 直滑降—前刃滑弧

动作要领：
①在直滑降滑行一段距离之后，以提高身体重心为过渡动作，逐渐向山上方向倾倒、立刃、扭转、加压。
②前刃滑弧相对比较容易，重点应该注意立刃的角度。

场地选择：

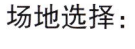

缓坡5°～10°

注意事项：
①雪板转向山上方向滑行时，视线要随着雪板的前进方向一起移动，上体的领先动作和视线的移动是该项技术的关键。
②转弯不佳，有可能是固定器的原因造成的，如：鞋带、鞋卡等过松，脚后跟在鞋中晃动等。另外，固定器固定不牢也会造成难以把握后刃转弯时机、身体出现过度倾斜、伸直膝关节进行立刃等现象，所以，练习前要认真检查固定器的安装。

在基本滑行姿势的基础上，开始身体倾倒和立前刃。
①

继续向转弯弧内侧进行倾倒。
②

③

在前半弧的滑行中，逐渐加大髋、膝、踝关节的角度。

④

逐渐加大立前刃的角度。

⑤

逐渐加大倾倒的角度。

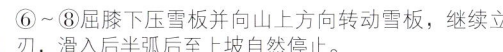

⑥ ⑦ ⑧

⑥～⑧屈膝下压雪板并向山上方向转动雪板，继续立刃，滑入后半弧后至上坡自然停止。

要点：
逐渐提高练习的难度可以克服恐惧心理，提高练习的兴趣。循序渐进的加大斜滑降的角度、距离、速度，雪板的立刃就会从浅弧向深弧过渡。

单板用语
重心：人体体重的中心。

六、有拖滑的转弯

1. 前刃拖滑转弯

动作要领：

① 由平刃变抬起后刃应伴随着身体的倾倒进行。
② 后脚前刃推雪要逐渐加大力量。
③ 前脚控制板尖滑行方向时要同视线、手臂、身体扭转相结合。

单板用语

拖滑：在转弯的过程中板刃不是完全沿着弧线滑进，雪板尾部向弧线外侧有推雪动作的滑行动作。

要点：

在滑弧的过程中，前半弧为前刃拖滑转弯，后半弧为前刃转弯。拖滑推出的幅度不宜过大。

场地选择：

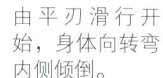

缓坡5°～10°

由平刃滑行开始，身体向转弯内侧倾倒。

①

伴随倾倒，抬起刃。

②

保持立刃，后脚用前刃向脚跟方向推出。
③

进入到后半弧逐渐抬高重心，后脚并减小向脚后跟方向推出的力量。
④

逐渐过渡到没有拖滑的前刃转弯。

⑤
保持滑行的弧线方向。

前半弧后脚立刃推出雪辙和后半弧立刃滑行雪辙的比较示意图。

注意事项：

练习滑弧时，要由大弧到小弧，应该遵循循序渐进的原则进行练习。

2. 后刃拖滑转弯

动作要领：

①进行有拖滑的转弯练习时应该有意识地缩小推雪动作的幅度。

②滑至顶弧时，身体重心应该是最低的阶段。

③在弧线滑行中身体的倾倒角度应该逐渐加大，重心应该逐渐降低。

单板用语

ISF（INTERNATIONAL SNOWBOARD FEDERATION）：国际单板联盟。

典型的初学者后脚横向推雪动作。

① 滑行从平刃开始，逐渐转体、变刃。

② 身体逐渐向后倾倒，立刃，后脚脚跟用后刃向脚尖方向推出雪板。

③ 加大倾倒角度和后脚推雪力度，控制弧线滑行的方向。

④ 板尖引导进入后半弧的后刃刻雪滑行。

⑤ 后脚推雪动作结束，伴随重心的向前移动，雪板逐渐变平刃。

⑥ 后刃滑行结束，开始进入前刃滑行。

场地选择：

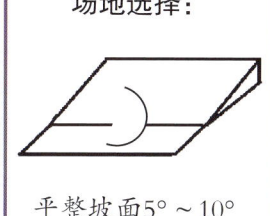

平整坡面5°～10°

注意事项：

滑至弧顶前的拖滑推雪可以使滑雪者产生安全感，该动作也容易掌握，拖滑转弯只是掌握卡宾转弯技术之前的过渡动作。

要点：

滑至后半弧时尽量用后刃刻雪滑行。

世界冠军教单板

3. 有拖滑的连续转弯

动作要领：

①有拖滑的连续转弯动作是把前刃拖滑和后刃拖滑连接起来的动作，①～⑤要领同后刃拖滑动作，⑥～⑩为前刃拖滑的动作。

②站起、平刃滑行是两个弧之间变刃过渡区，也是滑行节奏的体现。

③第③、第⑨是拖滑典型动作阶段。

第⑥动作是由后刃变前刃的过渡动作。

单板用语

CSA（CHINESE SKI ASSOCIATION）：中国滑雪协会。

场地选择：

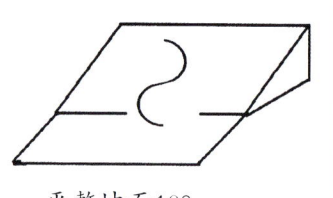

平整坡面10°

要点：

第③和第⑨呈板尾推出典型的拖滑状态，在练习中应该逐渐缩小雪板推出幅度，为卡宾转弯技术打下基础。

注意事项：

①连续转弯时的板刃变化为后刃－平刃－前刃。

②连续转弯时的身体高度变化为高－低－高－低－高。

七、卡宾技术转弯

1. 卡宾转弯技术四要素

在高质量的卡宾转弯中，立刃、倾倒（含反向平衡）、加压、扭转四要素缺一不可，且相互关联。为了能够滑出高质量的卡宾转弯，我们应该理解这四个要素。

立刃 ➡ 倾倒

立刃：立刃是指单板一侧板刃立起用另一侧板刃支撑滑行的技术动作。

滑雪者通过控制立刃角度的大小，来调整弧度的深浅。

在速度一致的状况下，立刃角度小，容易滑行，但一般会出现拖滑；相反，立刃角度大，用刃力度强，控制平衡难，但可以滑出卡宾雪辙。

倾倒：倾倒是指滑雪者为了克服离心力身体向滑行弧内侧的倾倒。

伴随着立刃角度的变化，身体应该有相应角度的倾倒。

为了维持平衡，滑雪者的倾倒不仅仅只是单纯的倾倒动作，同时还是反向平衡姿势。

世界冠军教单板

加压使雪板变形

上体扭转

加压：加压是指滑雪者人为地对雪板施加的压力。

滑行中加压力量的大小是不断变化的。在滑行时，作用于雪板的"压"有两种形式，一个是滑雪者自身施加于雪板的力，另一个是雪板承受的外界阻力。在滑行中，滑雪者要根据转弯弧度、坡面倾斜度、外力作用等条件的变化来调整加压的力度。

扭转：扭转是转弯技术之一，扭转是指上体和下肢的扭转。扭转是引导单板滑行方向所不可或缺的技术动作。

在滑行中正确运用扭转动作不仅可以起到引导转弯的作用，还有助于完成高质量的转弯。

2. 前刃卡宾转弯

动作要领：

倾倒、立刃、加压、扭转这几个动作在前半弧的滑行过程中应该逐渐加大，滑至弧顶时最大，滑至后半弧要逐渐减小。

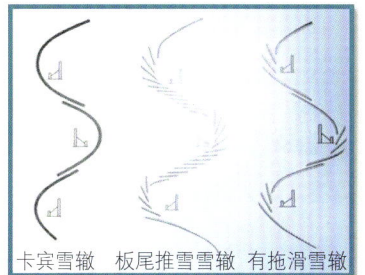

卡宾雪辙与其他技术雪辙的比较图

卡宾雪辙　板尾推雪辙　有拖滑雪辙

单板用语

卡宾雪辙：用卡宾技术转弯，拖滑痕迹非常小，在雪面上留下深而细的沟痕，为卡宾雪辙。

① 开始进入立刃，身体倾倒。

② 逐渐加大倾倒、立刃和扭转的角度。

③ 倾倒过程中身体保持平衡，并逐渐加压。

④ 滑至顶弧阶段保持大立刃、大倾倒角度和身体的低姿势。

⑤ 重心逐渐升高，立刃强度、倾倒角度逐渐减小。

要点：

在正确控制方向的基础上，逐渐加大和减小立刃强度、加压力度、倾倒角度和合理的扭转是能够圆滑、顺畅滑弧度的要点。

⑥ 进入平刃过渡阶段。

场地选择：

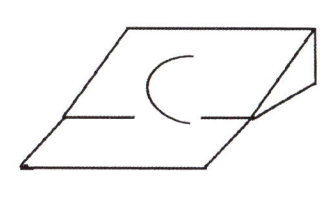

平整中坡10°～20°

注意事项：

① 卡宾前刃转弯因为是面对转弯方向，滑雪者的恐惧感比较小，所以做动作时要大胆，身体要放松。

② 前刃卡宾转弯动作方向不容易控制，应该注意手臂和视线的引导。

3. 后刃卡宾转弯

动作要领：

① 图①，提高重心，平刃滑行，准备进行转弯。

② 图②，身体倾倒，立刃，准备扭转。

③ 图③，视线引导转体方向，上体开始扭转。

④ 图④，弧顶滑行时，下肢、臀部大幅度倾倒，注意上体姿势呈反向平衡。

⑤ 图⑤、⑥，逐渐提高重心，减小倾倒角度和立刃角度。

单板用语

卡宾转弯技术：在转弯时，板刃刻入雪中，在雪面上留下深而细的雪辙的立刃转弯技术动作叫做卡宾转弯技术。

①平刃过渡结束，准备身体倾倒、立刃。

②开始立刃，身体倾倒，视线引导，身体开始扭转。

③进入弧顶之前身体逐渐加压、扭转。

④半弧的弧顶阶段要保持低姿势。

要点：

反向平衡的控制应该随着倾倒角度大小的改变而改变。

⑤逐渐减小立刃、倾倒的角度和扭转幅度。

⑥半弧结束之前身体要控制滑行方向并准备进入平刃阶段。

场地选择：

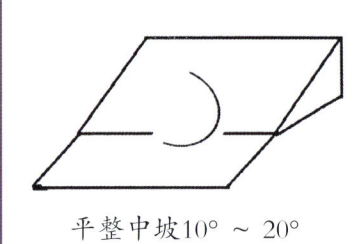

平整中坡10°～20°

注意事项：

后刃滑行的倾倒比前刃容易控制，在滑弧时应注意逐渐加大和减小倾倒的角度、立刃的强度、加压的力量和扭转的幅度。做某一个转弯的技术动作时不要突然发力。

八、卡宾技术连续转弯

1. 大卡宾连续转弯

动作要领：

① 基本动作同前刃、后刃卡宾转弯动作。

② 充分注意④的平刃过渡动作应该清楚、明显。

③ 注意在弧顶前控制方向，身体保持低姿势。

④ 手臂和视线应该引导转弯动作。

单板用语

卡宾：carving一词，我国将其音译为"卡宾"，其含义是切入、雕刻、刻进。

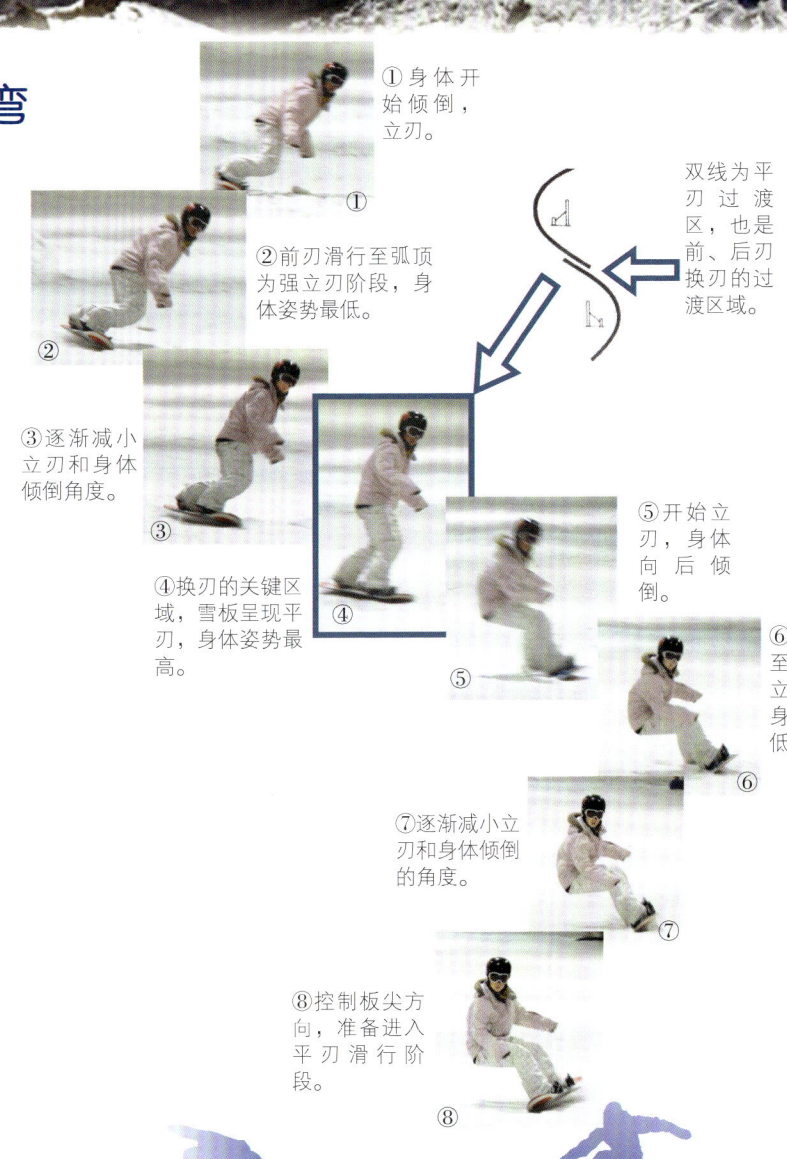

① 身体开始倾倒，立刃。

② 前刃滑行至弧顶为强立刃阶段，身体姿势最低。

③ 逐渐减小立刃和身体倾倒角度。

④ 换刃的关键区域，雪板呈现平刃，身体姿势最高。

⑤ 开始立刃，身体向后倾倒。

⑥ 后刃滑行至弧顶时，立刃最大，身体姿势最低。

⑦ 逐渐减小立刃和身体倾倒的角度。

⑧ 控制板尖方向，准备进入平刃滑行阶段。

双线为平刃过渡区，也是前、后刃换刃的过渡区域。

场地选择：

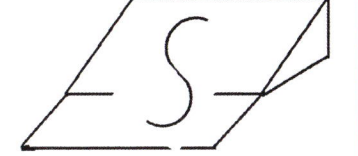

平整中坡10°～20°

注意事项：

卡宾连续转弯的动作节奏应该明显体现在：

① 滑行两个弧的用时应该相同。

② 滑每个弧时身体姿态的高低变化明显。

③ 滑每个弧时立刃强弱、倾倒角度、扭转幅度、加压力量应该基本一致。

2. 小卡宾连续转弯

动作要领：
① 在滑降过程中保持上体基本不动，目视前方。
② 以髋关节为转动轴进行腿部的左右摆，形成立刃卡宾滑行。
③ 在滑行中雪板左右摆动幅度一致，立刃角度相同是能够滑出直线的关键。
④ 快速、高频率的摆动滑进是滑行水平的体现。

注意事项：
① 防止上体左右摆动，尽量将头部保持中正位置。
② 在进行小卡宾滑行时要注意防止速度越来越快的现象，可以通过稍微加大推雪力度来解决。

后刃立刃滑行。

平刃滑行。

前刃立刃滑行。

上体基本不动，主要靠雪板摆动形成立刃的小S连续卡宾直线滑行。

单板用语
刻雪：用雪板板刃刻入雪中，形成支撑。

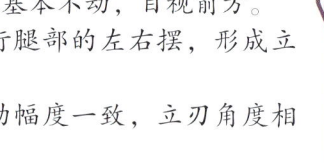
① ② ③ ④ ⑤ ⑥ ⑦

场地选择：

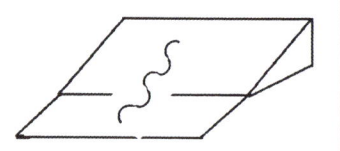

平整中坡10°～20°

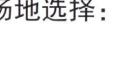

小卡宾技术动作的雪辙示意图。

要点：
在尽量保持头部、上体中心位置不变的基础上，每次立刃蹬动应该蹬实，否则就会产生速度不断加快而无法控制的现象。

小S连续卡宾技术动作，在身体的表现上有3种形式：
① 上体基本不动，主要靠雪板摆动立刃滑行。
② 身体大幅度摆动，雪板摆动小立刃的滑行方法。
③ 身体和雪板均衡协调摆动的立刃滑行方法。

提高篇——发展的单板技术

一、直线连续欧力（OLLIE）跳跃滑进

OLLIE：我国将其音译为"欧力"，该动作是借助雪板板尾的弹力进行的跳跃动作。

动作要领：

图片①在直滑降的基础上，重心后移准备欧力跳跃。

图片②、③重心在后脚上，后脚下压，前脚上提。

图片④结合前脚上提，后脚下压雪板，借助板尾变形后恢复的弹力进行跳跃。

图片⑤在空中保持平衡，控制板尖方向。

图片⑥准备着雪，着雪时可以是板尾先着雪，也可以板底直接着雪。

图片⑦着雪缓冲之后继续保持直滑降姿势。

图片⑧在直滑降姿势的基础上，重心后移准备第二次欧力跳跃。

图片⑨、⑩重心在后脚上，后脚下压，前脚上提，动作要有爆发力。

图片⑪借助前脚向上提拉与后脚下压的合力，利用雪板被压弯之后恢复的弹力进行跳跃。

图片⑫在空中保持平衡，并控制板尖方向。

图片⑬着雪缓冲，注意控制滑行方向。

图片⑭落地后再次保持直滑降姿势。

在直滑降过程中可以根据各自水平决定欧力跳跃的次数。

场地选择：

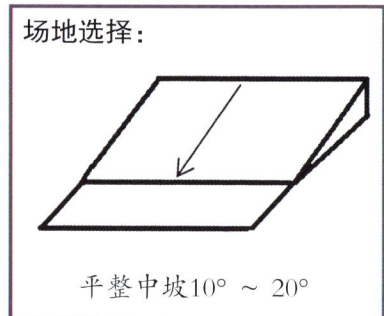

平整中坡10°～20°

注意事项：

①起跳过程中上体不要扭转。

②为了跳跃得更高，必须借助雪板被压弯之后恢复的弹性和蹬动起跳时机的完美结合，此外还要全身协调用力。

要点：

①起跳之前的重心后移是跳起的基础。

②提拉前脚和后脚借助板尾的弹力跳起是连续进行的。

③保持身体的平衡是连续进行欧力跳跃的关键。

④图③、⑩是压弯板尾部分，起跳之前的关键动作。

二、直线诺利（NOLLIE）跳跃滑进

该动作是借助雪板板尖被压弯之后恢复的弹力进行的跳跃动作。

场地选择：

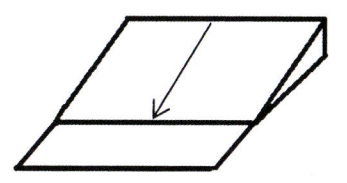

平整中坡10°～20°

动作要领：

①在正常直滑降动作姿势的基础上稍微降低重心，图①。

②重心提高并前移，图②。

③提拉起后脚，前脚下压，以增大对板尖部分的压力，图③。

④借助板尖部分被压弯之后恢复的弹力，迅速跳起，图④。

⑤在腾空期间保持身体重心在雪板中心的上方，图⑤。

⑥着陆时可以平刃着雪，也可以板尾先着雪，着陆之后保持平刃滑行，图⑥。

①

②

③

④

⑤

⑥

注意事项：

①②提高重心并前移时要保持稳定，防止左、右摆动。

②后脚提拉和前脚借助板尖的弹性起跳时动作要连贯。

要点：

①起跳之前的重心前移是跳起的基础。

②借助板尖部分被压弯之后恢复的弹力进行起跳。

③保持身体的平衡是连续进行诺利跳跃的关键。

三、立前刃后手摸雪面滑弧

该技术动作身体倾倒的角度尽量要大，用前刃刻住雪面，用后手在弧顶区域摸雪面进行滑行。

动作要领：

图①滑弧开始阶段，身体开始倾倒。

图②、③前刃刻住雪面，伸出后臂开始触摸雪面，前臂反向伸出，保持身体平衡。

图④、⑤在弧顶区域身体保持最大倾倒，板刃完全立刃。

图⑥、⑦逐渐提高重心，减小倾倒角度，触雪手开始离开雪面。

图⑧基本恢复到平刃滑进。

要点：

摸雪面时不是用手支撑在雪面上滑行，而是用手在弧顶区域轻触雪面。

场地选择：

平整中坡10°～20°

注意事项：

图⑤的板刃是完全的立刃，没有经过系统的练习是不容易掌握的，练习时应该循序渐进的进行体验式的立刃练习，逐渐探索立刃的角度。

四、立后刃前手摸雪面滑弧

动作要领：

图①准备进行滑弧。

图②身体开始倾倒、降低重心、扭转。

图③逐渐加大立刃角度，身体倾倒、扭转，前臂开始摸雪。

图④滑至弧顶之前的重点是开始进行加压，保持摸雪滑行。

图⑤为身体重心和姿势处于最低，倾倒、反向平衡幅度最大阶段。

图⑥控制滑行方向，重心开始提高，保持摸雪滑行。

图⑦、⑧逐渐提起重心、减小立刃，准备进入平刃滑行阶段。

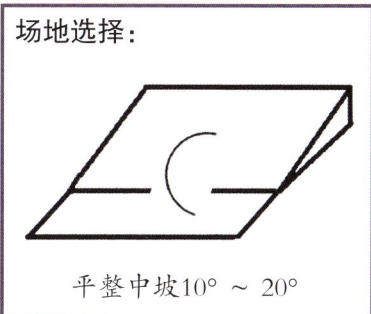

场地选择：

平整中坡10°～20°

要点：

后刃立刃摸雪滑行的关键是手掌能否摸到雪面，要点是滑行的速度，速度快，滑弧身体倾倒的角度就大，摸雪就相对容易。

注意事项：

后刃立刃摸雪时应以速度为基础，倾倒的角度应与速度相吻合，不能为了摸雪而改变滑行的正确姿势。

五、大幅度倾倒换手摸雪面S滑行

动作要领：

① 同立前刃后手摸雪面滑弧与立后刃前手摸雪面滑弧的分解动作要领。

② 在S滑行中，最重要的是图⑦的动作，该动作是两个弧之间的过渡动作，也是动作节奏的体现。

③ 非摸雪面的手臂应该做出反方向的平衡动作，如：图④、⑨的典型动作。

要点：

前刃立刃摸雪比较容易，除了摸雪面之外，重要的是体现出滑行动作的节奏感，除了完成滑弧动作的时间和两侧弧的大小一致之外，滑雪者身体左右的倾倒幅度和滑雪姿势的高低变化是成功完成动作重要的因素。

场地选择：

平整中坡10°～20°

④ 后刃滑至弧顶，立刃最大，身体姿势最低。

⑦ 换刃的关键区域，雪板呈现平刃，身体姿势最高。

⑨ 前刃滑至弧顶，立刃最大，身体姿势最低。

后刃立刃，滑至弧顶位置。

平刃过渡，前、后刃换刃的过渡区域。

前刃立刃，滑至弧顶位置。

注意事项：

摸雪面时要在弧顶区域。

图⑦平刃过渡动作必须明显，此时身体的高度在一个S中是最高阶段。

六、直线欧力（OLLIE）
起跳—抓板—直滑进

① 直线滑降。

② 准备欧力起跳。

③ 控制起跳方向，注意前、后脚的动作要与身体伸展动作相配合。

④ 欧力起跳要有爆发力，跳起后尽量收腹、收腿，在腾空过程中进行"抓板"，完成空中动作。

⑤ 抓板结束。

⑥ 用板尾着雪，板尖控制滑行方向。

⑦ 落地后恢复到直线滑降姿势。

要点：
因为跳起的高度有限，所以抓板动作要快，抓板后要迅速放开雪板，进行着雪的准备。

场地选择：
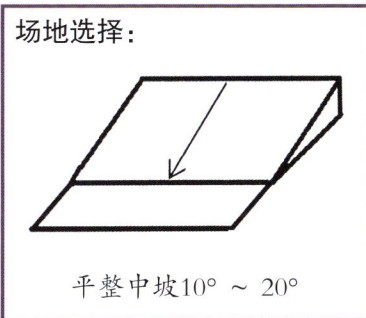
平整中坡10°～20°

注意事项：
防止上体向下去够摸雪板，这样容易失去平衡而摔倒。
开始练习抓板时可以进行碰、摸雪板的后刃，逐渐过渡到抓住雪板的后刃。

动作要领：
① 抓板的要领是上体不动，尽量收腹、收腿，使雪板靠近手，用手抓板后刃。
② 图⑥，着陆时建议板尾首先着雪再过渡到全板底着雪，无论在什么样的雪面，该动作均有利于落地缓冲、平稳滑行。

世界冠军教单板

七、直线欧力（OLLIE）起跳—后刃转弯

动作要领：

①图②、③利用欧力动作起跳。

②图④，起跳后，在空中前臂引导向右稍微转动身体，控制雪板与雪面平行。

③图⑤是该技术动作的关键，着雪时能否强立后刃直接着雪并顺畅滑弧和缓冲控制是重要的一环。

④图⑥、⑦，逐渐减小转弯的4个要素，最后保持直滑降姿势，为接下来的欧力进行准备。

①直滑降。

②身体重心后移准备起跳。

③利用欧力技术起跳。

④在空中带臂向转弯方向转动身体。

⑤完全后刃着雪滑弧。

⑥保持低姿势，立刃滑弧。

⑦逐渐减小立刃角度滑进。

场地选择：

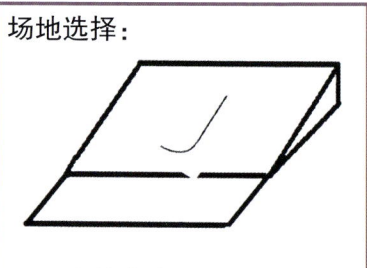

平整中坡10°～20°

注意事项：

该技术的难点是立刃着雪技术，应注意缓冲和着雪瞬间稳定的控制立刃，要有膝关节向前顶的意识。

刚开始练习该技术时起跳不要过高，要循序渐进逐渐增加起跳高度。

要点：

立刃着雪是该技术动作的关键，着雪之后髋、膝的缓冲和前膝前顶，及上体反向平衡的稳定性是成功完成动作的要点。

八、直线欧力（OLLIE）起跳—前刃转弯

动作要领：

图①、②、③为准备和欧力起跳动作。

图④起跳后，在空中注意前臂引导稍微向左转动，转动的幅度控制在由直线滑行转到弧形滑行。

图⑤是该技术动作的关键，着雪时应该前刃直接着雪并顺畅滑弧。

图⑥、⑦、⑧逐渐减小立刃角度及倾倒角度，过渡到平刃滑行。

注意事项：

跳起后落地着雪时，应直接立刃着雪，不要先平刃着雪再从平刃到立刃滑行。

着雪时要防止身体晃动失去平衡而引起的摔倒。

场地选择：

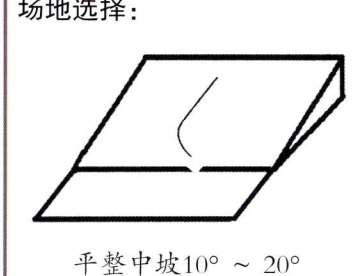

平整中坡 10° ~ 20°

要点：

着雪瞬间要注意缓冲，并要稳定控制立刃的角度，着雪后应该有前腿膝关节前顶引导滑行的意识。

①

②

③

④

④

⑤

⑤ ⑥ ⑦ ⑧

九、大S跳起变刃转弯

动作要领：

图①，平刃在弧线上进行欧力起跳。

图②，强力跳起后身体保持稳定，沿着弧线飞行。

图③，飞行过程准备着雪。

图④，前刃着雪控制弧线方向。

图⑤、⑥前刃滑行，降低身体重心准备再次起跳。

图⑦，平刃欧力起跳。

图⑧在空中飞行，稍微向右转体，控制弧线方向。

图⑨，后刃着雪，缓冲滑行。

图⑩立刃滑行，保持身体平衡，控制滑行方向。

图⑪、⑫、⑬弧线滑行，逐渐提高身体重心，准备下一次起跳。

注意事项：

着雪后的弧线滑行圆滑与否，取决于空中方向的控制准确程度和着雪之后方向的控制。

场地选择：

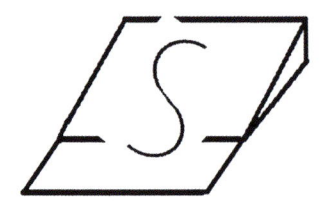

平整中坡20°

要点：

图②、⑧是空中飞行阶段，也是空中稍微转体控制板刃着雪，滑出理想弧形的重要动作。

图④、⑨是立刃着雪动作，做该动作时，要控制身体姿势和立刃的角度。

十、大卡宾连续跳跃S滑行

该动作的S弯不依靠滑行，而是依靠一个跳跃接一个跳跃在连续不断的跳跃中呈现出来的。

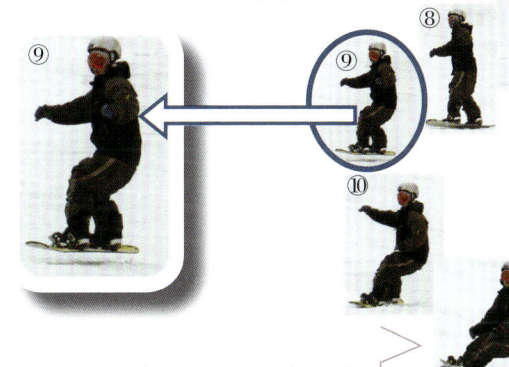

③不变刃，不变向，在前刃滑弧过程中，前刃立刃跳起，前刃立刃着雪之后依旧滑弧。

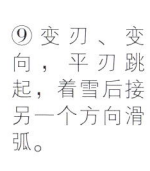

⑨变刃、变向，平刃跳起，着雪后接另一个方向滑弧。

不变刃，不变向，在后刃滑弧过程中，后刃立刃跳起，后刃立刃着雪之后依旧滑弧。

动作要领：

图③、⑭是在弧线过程中的跳跃动作，属于立刃跳跃，因为在转弯滑行中本身就是立刃滑行，所以要求滑雪者在保持立刃的过程中跳起和落下，起跳动作主要是通过从低姿势到髋关节、膝关节及上体的协调伸展而进行的。

图⑨是由平刃跳起变后刃着雪的滑行动作，同样是立刃着雪。

场地选择：

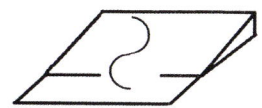

平整中坡10°～20°

注意事项：

初学者可以在连续跳跃练习时先立刃跳跃平刃着雪，再逐渐过渡到立刃着雪。

要点：

立刃着雪时，身体姿势要正确、要稳定，并要通过髋、膝关节的缓冲进行。

十一、抓板后刃、前刃大S滑行

在前刃转弯时用前手抓板后刃中部滑行,在用后刃转弯时用后手抓板前刃中部滑行。

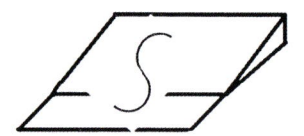

场地选择:

平整中坡10°～20°

动作要领:

图③、⑨是在弧顶位置的抓板动作,无论是哪只手抓板,能够稳定抓板的关键是在保持正确滑行姿势的基础上降低重心,并加大倾倒角度。

滑雪者卡宾技术掌握的情况,决定了能否抓住雪板和抓板时间的长短。

图⑩、⑫是典型的反向伸展动作。抓板时对侧手臂的平衡动作非常重要,应该大幅度向反方向伸展。

③注意后手臂的姿势。

⑨后刃滑至弧顶,后手抓板时,注意前臂的动作。

注意事项:

抓板过程中不要忘记视线始终注视滑进方向。

练习抓板时手套是必需品。

要点:

刚开始练习抓板滑行时可用手轻轻触雪板,不要一开始练习就牢固抓板。

十二、抓板尾S滑行

在S转弯过程中滑雪者始终后手抓板尾进行滑行。

动作要领：

图③、⑤是前刃转弯和后刃转弯的典型动作，在立刃的基础上，手抓板尾滑行弧线。这两个动作完全改变了正常滑行的姿势，无论是上体姿势还是身体重心。

在破坏了正常滑行姿势和身体重心的情况下，滑行时视线应该始终引导滑行方向。

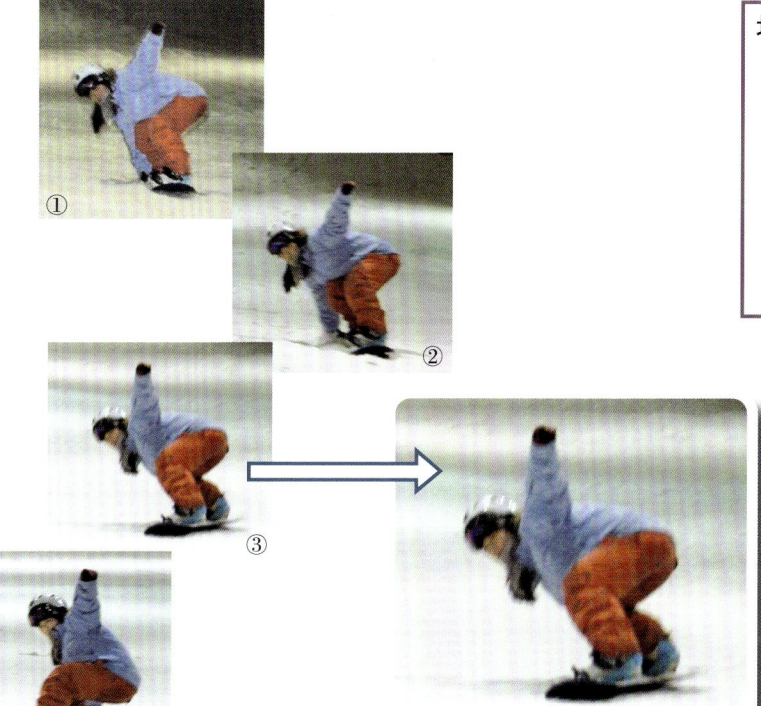

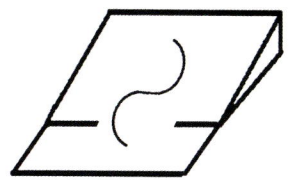

场地选择：

平整中坡10°～20°

要点：

该动作难度较大，因为滑雪者的身体重心在雪板的后部，维持重心在后部进行S转弯没有良好的滑行基本功和协调性是不容易完成的。

注意事项：

在抓板滑行过程中视线要引导滑行方向，前脚要控制板尖的前进方向。

十三、抓板尖S滑行

在S转弯过程中滑雪者始终前手抓板尖进行滑行。

动作要领：

图①、②、③是抓板尖前刃转弯的动作，重心在雪板前内侧。

图④是由前刃变平刃的过程，身体重心在雪板正上方靠前位置，属于过度靠前动作。

图⑤～⑨是立后刃滑弧，前手臂抓板尖动作，后手臂的伸展起到了维持平衡的作用。

要点：

由于抓板动作使身体姿势被高度固定，无论是倾倒、立刃和扭转都是在一定限制的情况下进行的。在有限制的状况下要注意控制前脚滑行方向，并要注意视线的引导。

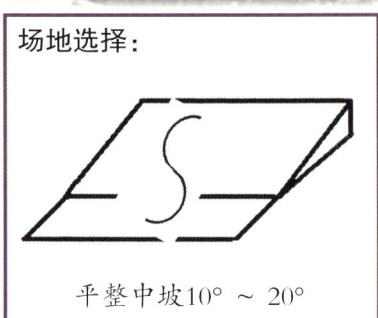

场地选择：

平整中坡10°～20°

注意事项：

在有限制的情况下进行S转弯滑行的过程中应该有效、准确的运用倾倒、立刃、加压和扭转，尤其要注意视线对滑行方向的引导。

由于身体重心的位置与正常滑行有很大的不同，所以难度更大。通过该技术动作的练习可以使滑雪者更加准确的体会卡宾技术的细节。

对比：左图为抓板尖后刃转弯姿势；右图为正常卡宾后刃转弯姿势。

十四、抓板尖、板尾S滑行

前刃转弯时前手抓板尖，后刃转弯时后手抓板尾。

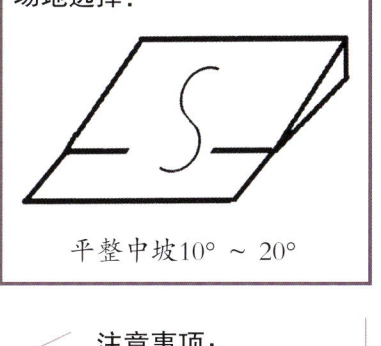

场地选择：

平整中坡10°～20°

动作要领：
　　图①～⑤的动作要领同抓板尖滑行技术动作。
　　图⑦～⑪的动作要领同抓板尾滑行技术动作。
　　图⑥是抓板尖结束准备抓板尾之间的过渡动作，应该是平刃滑行阶段，该过渡动作应该快速完成。

注意事项：
　　在经过抓板尖、板尾的练习后再进行换手的抓板练习难度就较小，进行该练习时要注意动作节奏及非抓板手臂的动作，并要注意能够滑出对称的两个弧。

要点：
　　该动作比单纯的抓板尖S转弯和单纯的抓板尾S转弯难度小，而且在滑行过程中给人节奏感强、动作优美的感觉，具体应该体现在姿势高低的变化和非抓板手臂的伸展应用上。

十五、正脚后刃跳转 180°变反脚前刃滑弧

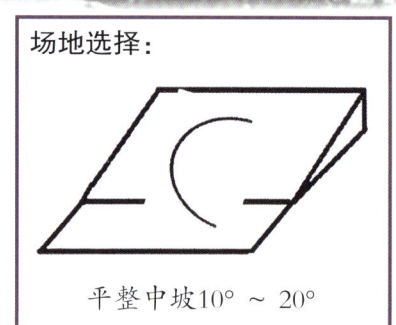

场地选择:

平整中坡10°～20°

动作要领:

图①,后刃滑弧,准备起跳。

图②,起跳,手臂向转体方向摆动引导上体转动,起跳前后脚用后刃向前推雪幅度越大,需要转体的角度越小。

图③,在腾空转体过程中注意用腿部力量带动雪板,在跳转180°的过程中,视线始终不要离开弧线方向来查看转体的角度。

图④转体下落完成着雪,初学者可以先平刃着雪再转为前刃着雪,随着水平的提高,再利用反脚前刃着雪。着雪时注意屈膝缓冲。

图⑤、⑥进入反脚前刃滑弧阶段。

注意事项:

如果滑雪者反脚滑行不熟练,请在反脚滑行熟练之后再进行该技术的练习,否则容易出现损伤。

要点:

①在转动过程中雪板摆动要迅速、果断。

②要准确的控制转体的度数,转体过大、过小都不可能滑出圆滑的弧。一般的方法是,视线不离开滑行弧线,起跳前脚变后脚(正脚变反脚)之后依旧按照弧线滑行的方法来控制反脚弧线滑行。

十六、板尾支撑连续转体滑下

动作要领：

图①，身体重心快速移到板尾上方，板尾支撑，前脚拉起板尖，并开始预摆，在两臂引导下向转动相反方向扭动上体。

图②～⑥压住板尾，以板尾为轴心，控制拉起的板尖不要落下，通过释放预摆的转动力量和继续加大转动的扭转力量来形成转动。由于滑雪者是在坡面上转动，自然会出现边转动边下滑的状况。

图⑦是转体第2周的开始。

重心位置

场地选择：

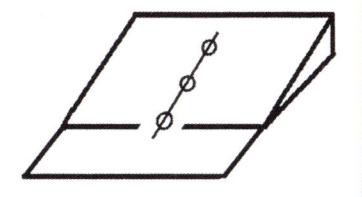

平整中坡10°～20°

注意事项：

①身体重心在转动的过程中始终在板尾正上方。

②若不能持续拉起板尖，则不能够连续转动。

要点：

①转动的关键是后脚压紧板尾，前脚始终拉起板尖，使雪板变形形成板尾支撑，成为转动的轴心。

②预摆力量是开始转动的起动力量，转动开始之后主要依靠头部、视线稍领先于板尖的领先转动，并依靠双臂、前脚的摆动力量进行转动。

单板专项拉伸和力量练习

一、滑雪之前自我能力的三项测试

建议初学者在学习单板滑雪之前进行如下三项自我测试，通过测试可以了解自己的身体状况，这不仅可以有的放矢地来提高自己的相关能力，而且会从心理上重视，并防止滑雪损伤的发生，使初学者进行单板滑雪的过程充满愉悦。

1. 柔韧测试

说明：立位体前屈，如果测试者双手的指尖不能够接触到地面，那么滑雪时应该充分注意安全，并应该进行全面的柔韧性练习。

2. 基本能力测试

说明：测试者如果不能够双脚并拢双脚跟触地蹲下，并且自然站起，那么滑雪时应该充分注意安全，并应该重视一般力量和柔韧练习。

3. WBI测试

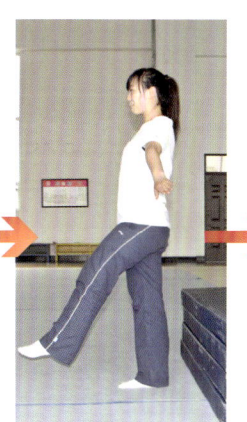

WBI测试

① 测试者能够在高50厘米的坐垫上单腿站起（动作如图）：你具备的是普通人的能力（WBI数=70）。

② 测试者能够在高40厘米的坐垫上单腿站起：你具备了一般滑雪者的能力（WBI数=80）。

③ 测试者能够在高25厘米的坐垫上单腿站起：你基本具备了参加滑雪竞赛的能力（WBI数=100）。

④ 测试者能够在高5厘米的坐垫上单腿站起：你完全具备了参加滑雪比赛的能力（WBI数=130）。

（WBI=支撑体重指数，数值越高能力越强）

二、单板专项拉伸

1. 拉伸

关于柔韧素质的描述比较多，大多认为，柔韧素质是指关节运动幅度的大小以及跨过关节的韧带、肌腱、肌肉和皮肤及其他组织的弹性和伸展能力。它包括两个含义：一个是关节活动幅度的大小，关节的活动幅度决定于关节本身的结构；另一个是跨过关节的肌肉、肌腱、韧带及软组织的伸展性。

柔韧素质定义为：柔韧素质是指人体关节在不同方向上的运动能力以及肌肉、韧带、肌腱及软组织的伸展能力。

2. 拉伸的效果

①拉伸会使紧张的肌肉放松，可以预防损伤的发生。

②拉伸使身体柔软，每天进行拉伸会提高肌肉的弹性。

③在准备活动中进行拉伸（柔韧性）练习，可以提高运动效率，流畅地完成动作。运动后做伸展运动可减少肌肉紧张度，防止发生僵硬。

④通过拉伸活动可以改善肌肉血液流动状况，使疲劳恢复过程加快。

⑤拉伸疲劳的肌群，可促进肌肉的血液流动，有利于减轻肌肉的酸痛。

⑥随着放松拉伸，可以缓解精神的紧张，达到精神的放松。

⑦经常进行拉伸练习，可加强对肌肉的刺激，可以预防肌肉老化。

⑧通过拉伸可使肌肉保持放松状态，可以有效的预防由于反复运动产生的运动性障碍。

⑨经常进行拉伸练习可以使关节的可动幅度增大，运动时会提高运动幅度，提高运动能力。

3. 拉伸训练的注意事项

①热身后或体温较高时做伸展运动效果好。

②要慢、深、均匀地呼吸，不要伸展至呼吸不畅的程度。

③拉伸练习起始位置时的身体姿势必须正确和稳定，应有明显的拉伸感，但不要伸展过度感到疼痛。

④将肢体伸展度保持在舒服的位置，随着动作的持续，紧张感应渐渐减少。

⑤对完成拉伸活动的部位，要注意放松。

⑥可将多种拉伸动作在一次练习时同时进行，但要避免冲击或反弹式拉伸动作。

⑦若练习时间较长，建议运动前后都进行拉伸运动。

⑧静态伸展需要持续 30~90 秒（儿童持续时间为：15~30秒）。

⑨少儿进行拉伸练习时，建议采用"缓慢"活动。这是因为少儿关节牢固性差，骨骼易弯曲变形，若强力用力掰、压容易造成关节、韧带的损伤和骨骼的变形，不利于促进孩子的健康成长。

⑩少年在 13~16 岁之间生长发育较快，身高、体重明显增加，柔韧性下降，骨骼能承担的负荷较弱，易出现骨骼损伤，因此，要防止过度的活动，以免造成损伤。16岁以后，可逐渐加大拉伸练习的负荷和强度。

⑪扭伤、拉伤等损伤没有恢复前不应该进行拉伸练习。

4.单板专项拉伸方法27例

初学者可以根据自身的需要有所选择的进行练习。

（1）腕伸肌群拉伸

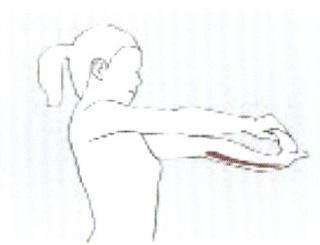

腕伸肌群拉伸示意图

★ 主要拉伸肌群
① 掌长肌。
② 桡侧腕屈肌。
③ 指浅屈肌。
④ 尺侧腕屈肌。

★ 拉伸方法
　　身体直立，左臂前平举，立掌。右手掌心触及左手手指，向心拉伸至中等紧张强度。换对侧手臂，重复上述动作。

（2）腕屈肌群拉伸

腕屈肌群拉伸示意图

★ 主要拉伸肌群
① 肱桡肌。
② 桡侧腕长肌。

★ 拉伸方法
　　身体直立，左臂前平举，屈腕。同时，右手掌心触及左手手腕，向心拉伸至中等紧张强度。换对侧手臂，重复上述动作。

（3）直立肱三头肌拉伸

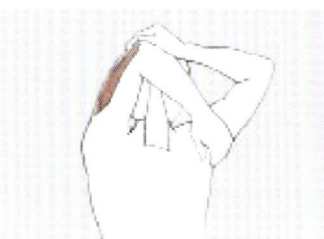

直立肱三头肌拉伸示意图

★ 主要拉伸肌群
① 肱三头肌。
② 三角肌。
③ 肱桡肌。
④ 大圆肌。

★ 拉伸方法

两脚开立与肩同宽，膝关节放松，保持身体挺直稳固，左上臂上举过头，肘关节屈曲，将左手置于右肩后面，右手搭在左肘上，轻轻地向后上方牵拉，拉伸肌肉至中等紧张强度。换对侧手臂，重复上述动作。

（4）颈侧屈肌群拉伸

颈侧屈肌群拉伸示意图

★ 主要拉伸肌群
① 胸锁乳突肌。
② 斜方肌上部。

★ 拉伸方法

身体直立，两脚与肩同宽，双臂微屈，左手置于头上，右手扶于下颌，向左侧做颈部拉伸至中等紧张强度。换对侧手臂，颈部向相反方向重复上述动作。

（5）颈伸肌群拉伸

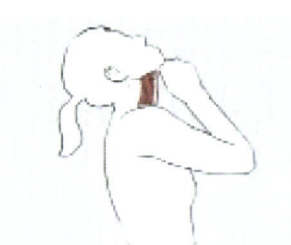

颈伸肌群拉伸示意图

★ 主要拉伸肌群
胸锁乳突肌。

★ 拉伸方法
身体直立，两脚与肩同宽，双臂微屈置于胸前，双手扶于下颌，向上做颈部拉伸至中等紧张强度。重复上述动作。

（6）腹外斜肌拉伸

腹外斜肌拉伸示意图

★ 主要拉伸肌群
① 腹外斜肌。
② 前锯肌。
③ 肩胛下肌。

★ 拉伸方法
身体直立，两脚与肩同宽，双臂置于头上合掌，手臂微屈。向右侧侧屈，拉伸左侧腹外斜肌至中等紧张强度。换对侧手臂，重复上述动作。

（7）腘绳肌拉伸

腘绳肌拉伸示意图

★ 主要拉伸肌群
① 半腱肌。
② 股二头肌。
③ 半膜肌。

★ 拉伸方法
　　双腿开立，两脚间距比肩略宽，脚尖朝前，保持身体平衡，上体向左侧侧屈，稍向上方旋转骨盆和躯干，稍稍前倾双手触及左脚，拉伸脊柱，使臂、肩和髋关节的后部位于同一垂直面上，保持片刻还原至站立姿势。换对侧，重复上述动作。

（8）侧屈扭身拉伸

侧屈扭身拉伸示意图

★ 主要拉伸肌群
① 半腱肌。
② 背阔肌。
③ 腓肠肌。

★ 拉伸方法
　　双腿开立，两脚间距比肩略宽，脚尖朝前，身体前倾，向左侧侧屈，右手掌触及左脚，左臂向上伸展，拉伸脊柱，使臂、肩和髋关节的后部位于同一垂直面上，保持片刻还原至站立姿势。再换对侧，重复上述动作。

（9）展臂侧屈腹外肌群拉伸

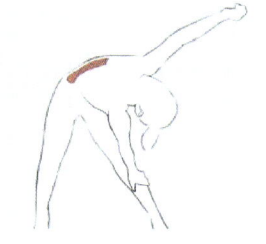

展臂侧屈腹外肌群拉伸示意图

★ 主要拉伸肌群
① 胸大肌。
② 腹外斜肌。
③ 腓肠肌。
④ 半腱肌。

★ 拉伸方法
双腿开立，两脚间距比肩略宽，脚尖朝前，重心稍前倾，保持身体平衡，向左侧侧屈，稍向上方旋转骨盆和躯干，左手置于左腿膝盖下方，右臂向斜后上方伸展，使之拉伸脊柱、胸、肩、髋关节和左腿大腿内侧等部位，保持片刻还原至站立姿势。再换对侧，重复上述动作。

（10）体前屈拉伸

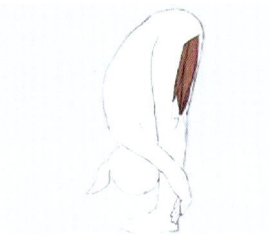

体前屈拉伸示意图

★ 主要拉伸肌群
① 半腱肌。
② 股二头肌。
③ 半膜肌。

★ 拉伸方法
身体直立，两腿并拢，膝盖伸直，上体俯身前倾，双臂抱膝，保持片刻，重复上述动作。

（11）分腿坐腘绳肌群拉伸

★ 拉伸方法

分腿席地而坐，保持身体平衡，上体向左侧侧屈，稍向上方旋转骨盆和躯干，上体稍稍前倾，双手触及左脚，拉伸脊柱使髋、腘绳肌群拉伸，保持片刻还原至上体直立姿势。换对侧，重复上述动作。

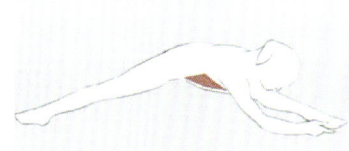

分腿坐腘绳肌群拉伸示意图

★ 主要拉伸肌群
① 半腱肌。
② 股二头肌。
③ 半膜肌。
④ 长收肌。

（12）并腿腘绳肌群拉伸

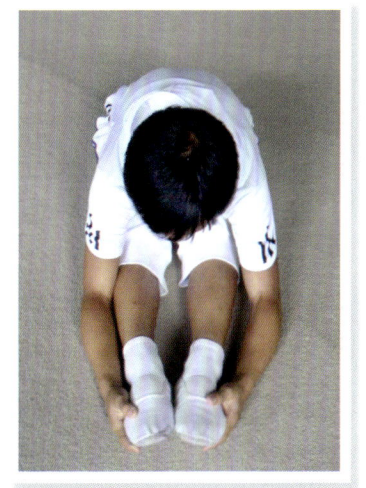

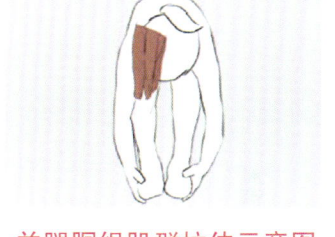

并腿腘绳肌群拉伸示意图

★ 主要拉伸肌群
① 半腱肌。
② 股二头肌。
③ 半膜肌。

★ 拉伸方法

席地而坐，双腿并拢，膝盖伸直，上体向前倾斜，双手触及两脚脚掌，使脊柱、髋、腘绳肌群等部位得到拉伸，保持片刻，重复上述动作。

（13）分腿扭身腹外肌群拉伸

分腿扭身腹外斜肌群拉伸示意图

★ 拉伸方法

分腿席地而坐，上体直立向左侧扭转，右手触摸左腿膝关节，左手置于身后，拉伸腹外斜肌群，拉伸保持片刻还原上体。换对侧，重复上述动作。

★ 主要拉伸肌群

① 腹外斜肌。
② 股二头肌。
③ 大收肌。

（14）叠腿扭身髋部肌群拉伸

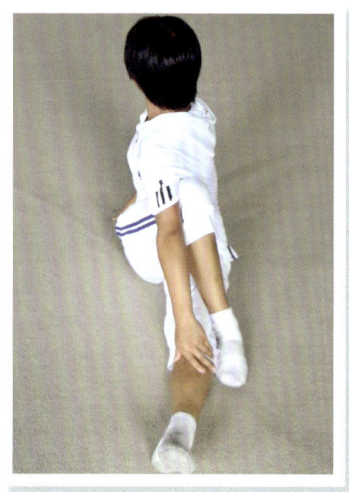

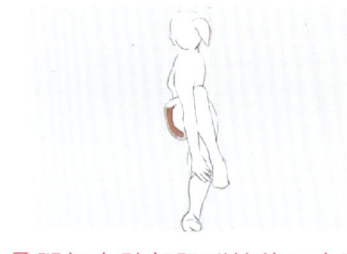
叠腿扭身髋部肌群拉伸示意图

★ 主要拉伸肌群

① 阔筋膜张肌。
② 臀中肌。
③ 臀大肌。

★ 拉伸方法

席地而坐，身体微向右转。左腿伸直，右膝关节和右髋关节屈曲，右脚落于左腿膝关节外侧。同时，将左手放在右膝外侧，向左牵拉右腿，拉伸肌肉至中等紧张程度，右膝与左髋位于同一直线上或略低，坚持片刻，还原。换另一条腿，重复上述动作。

（15）跪姿背屈肌群拉伸

★ 拉伸方法

双膝跪地，臀部微坐脚跟，两臂前伸着地，抬头，拉伸肩带、背阔肌群，保持片刻，重复上述动作。

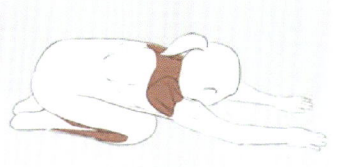

跪姿背屈肌群拉伸示意图

★ 主要拉伸肌群
① 胫骨前肌。
② 斜方肌。
③ 背阔肌。

（16）跪姿肩部肌群拉伸

★ 拉伸方法

俯卧，双膝跪地，提臀，两臂前伸着地，抬头，拉伸肩带肌群，保持片刻，重复上述动作。

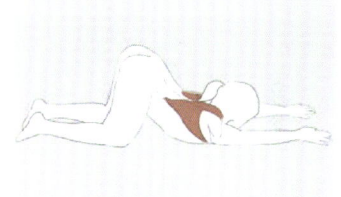

跪姿肩部肌群拉伸示意图

★ 主要拉伸肌群
① 斜方肌。
② 背阔肌。
③ 大圆肌。

(17) 躺姿拉伸

(18) 跪立髂腰肌拉伸

★ **拉伸方法**

仰卧，身体正直，双臂置于头上伸直，双腿并拢伸直，使之拉伸脊柱，使臂、胸、肩和髋关节肌群得到拉伸，保持片刻。

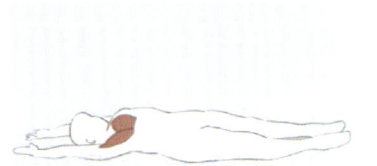

躺姿拉伸示意图

★ **主要拉伸肌群**
① 胸大肌。
② 三角肌。
③ 肱二头肌。
④ 肱三头肌。

★ **拉伸方法**

右膝着地跪立，左脚在前，左膝屈曲90°，左脚平放，位于左膝稍前方，屈髋并保持身体平衡稳固，髋部稍向前，骨盆向后倾斜，将手置于身体两侧或左膝，感到肌肉处于中等紧张程度即可，坚持片刻。换对侧腿，重复上述动作。

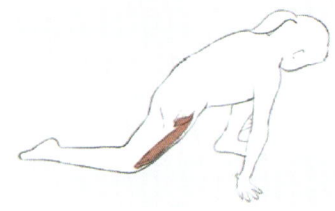

跪立髂腰肌拉伸示意图

★ **主要拉伸肌群**
① 髂肌。
② 髂腰肌。
③ 股直肌。

（19）坐姿小腿肌群拉伸

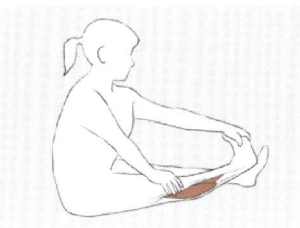

坐姿小腿肌群拉伸示意图

★ 主要拉伸肌群
① 腓肠肌。
② 比目鱼肌。

★ 拉伸方法

席地而坐，身体保持平直稳固。右腿微抬，同时左手抓住右脚掌，右手触及右腿膝关节使其保持伸直，上体略微前倾直至小腿有拉伸感，坚持片刻，还原。换另一条腿重复上述运动。

（20）跪姿胫骨前肌肌群拉伸

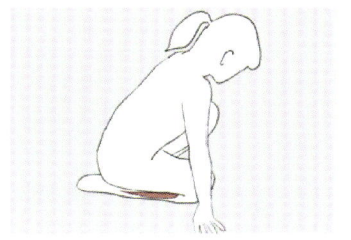

跪姿胫骨前肌肌群拉伸示意图

★ 主要拉伸肌群
胫骨前肌。

★ 拉伸方法

右膝着地跪立，臀部微坐右脚脚跟。左脚弓步支撑，左膝弯曲，双手置于身体两侧支撑身体，感到胫骨前肌肌肉处于中等紧张程度即可，坚持片刻。换另一条腿，重复上述动作。

（21）坐式转体拉伸

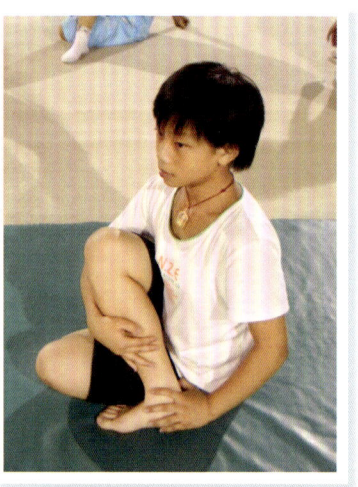

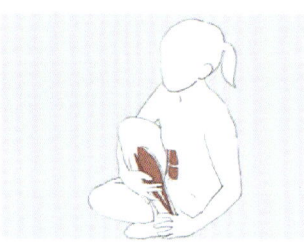

坐式转体拉伸示意图

★ 主要拉伸肌群
①阔筋膜张肌。
②臀中肌。
③臀大肌。
④腹直肌。
⑤股二头肌。

★ 拉伸方法
席地而坐，保持身体平直稳固。右腿膝关节屈曲保持脚着地，置于左腿外侧，左膝关节屈曲，使左脚伸向右臀，右手置于右腿胫骨前肌处，左手置于右脚后跟，拉长和旋转脊柱感到肌肉处于中等紧张程度即可，坚持片刻，还原。换另一侧，重复上述动作。

（22）坐姿大腿内侧肌群拉伸

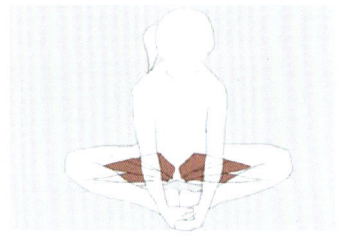

坐姿大腿内侧肌群拉伸示意图

★ 主要拉伸肌群
①长收肌。
②大收肌。
③股薄肌。
④短收肌。
⑤耻骨肌。

★ 拉伸方法
席地而坐，身体保持挺直稳固，膝关节屈曲，两脚掌相对，将手放在脚上，双肘置于膝的内侧或大腿上部，向下压大腿拉伸肌肉，使之保持在中等紧张程度。

（23）分腿俯身大腿内侧肌群拉伸

★ 拉伸方法

席地而坐，俯身，左腿膝关节屈曲，右腿侧平伸直，左手扶于左脚脚腕，右手置于头前辅助支撑，拉长右腿大腿内侧，感到肌肉处于中等紧张程度即可，坚持片刻，还原。换另一侧，重复上述动作。

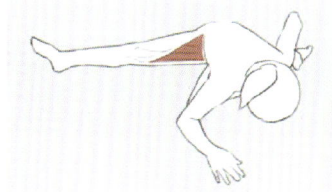

分腿俯身大腿内侧肌群拉伸示意图

★ 主要拉伸肌群
① 长收肌。
② 大收肌。
③ 半腱肌。
④ 股二头肌。
⑤ 半膜肌。

（24）仰卧臀部肌群拉伸

★ 拉伸方法

仰卧，两膝屈曲，左脚平放，右腿压在左腿上，使右脚置于左膝之上，右手抱膝，左手抓右脚掌外侧，左大腿向胸部上提直至感到右臀部被拉伸，坚持片刻，还原。换另一条腿，重复上述动作。

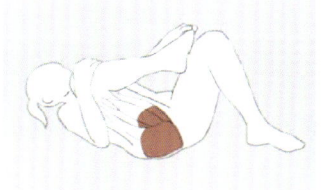

仰卧臀部肌群拉伸示意图

★ 主要拉伸肌群
① 臀大肌。
② 髋关节。
③ 腘绳肌外侧部。

(25) 仰卧扭身肩腹拉伸

仰卧扭身肩腹拉伸示意图

★ 主要拉伸肌群
① 臀大肌。
② 腹外斜肌。
③ 腘绳肌外侧部。

★ 拉伸方法

仰卧，面朝上，双腿屈膝，髋部右转，上体正直，双臂伸展置于头上两侧，拉伸肌肉至中等紧张强度，坚持片刻还原。换另一侧，重复上述动作。

(26) 仰卧髋关节旋外拉伸

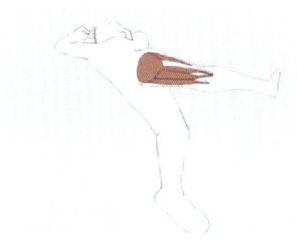

仰卧髋关节旋外拉伸示意图

★ 主要拉伸肌群
① 臀大肌。
② 腹外斜肌。
③ 腘绳肌外侧部。

★ 拉伸方法

仰卧，双腿伸直，双臂伸展置于头上两侧，髋部微向左转，右膝关节和右髋关节屈曲，落于左腿斜上方，使肌肉伸展至中等紧张程度，坚持片刻，还原。换另一条腿，重复上述动作。

（27）股四头肌拉伸

★拉伸方法

身体先跪姿，然后平躺，臀部紧贴双脚后跟，髋部保持正直，双臂上举。

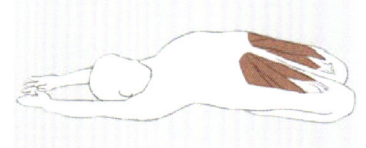

股四头肌拉伸示意图

★主要拉伸肌群
① 髂肌。
② 髂腰肌。
③ 股直肌。
④ 胫骨前肌。

三、单板专项力量练习

1.力量练习及单板专项力量练习的作用

力量练习作用很多，经常进行科学的力量练习可以增强肌肉力量、体形健美、延缓衰老、减少肥胖、改善机能、精力充沛和有利于健康。

在进行单板运动之前进行单板专项的力量练习，可以有计划的提高初学者在进行单板运动时所需的专项力量。专项肌肉力量的增强不仅可以提高单板滑行的能力，还可以使你更加得心应手的进行单板技术的学习，而且还能有效的防止意外损伤事故的发生。

2.力量练习的手段与方法

(1) 力量训练的手段

①负重抗阻练习

如使用杠铃、壶铃、哑铃等器械进行训练。这种练习可以作用于机体任何一个部位的肌肉，是训练最常用的手段。

②对抗性练习

如双人顶、推、拉等练习。这是依靠对抗双方以暂短的用力作用发展力量素质的练习，对抗性练习不需要任何训练器械及设备，又可引起练习者的兴趣。

③克服弹性物体的练习

如使用拉力器、拉橡皮带等练习，这是依靠弹性物体变形而产生的阻力发展力量素质的练习。

④利用力量训练器械练习

利用力量训练器械，可以使身体处在各种不同的姿势（或坐、或卧、或立）进行练习，可直接发展运动员所需要的肌肉力量，使训练更有针对性。使用力量训练器，还可以减轻运动员的心理负担，避免伤害事故的发生。

⑤克服外部环境阻力的练习

如在沙地或草地跑、跳练习等。这种练习所用的力量往往在动作结束阶段消耗较大，练习要求无须用全力，动作要轻快。

⑥克服自身体重的练习

如引体向上、倒立推起、纵跳等练习。这种练习是由四肢的远端支撑完成的练习，它迫使肌体局部承受体重，使肌体局部力量得到发展。

(2)力量训练方法

力量训练方法多为重复法或变换法。

采用重复法进行力量训练对少儿来讲，运动强度不要过大，相对重复次数可多一些。变换法又称力量训练的金字塔式安排，其训练强度、次数、组数要有变化。

3.单板专项力量练习方法17例

供初学者根据自身的需要选择练习。

（1）提臀塌腰

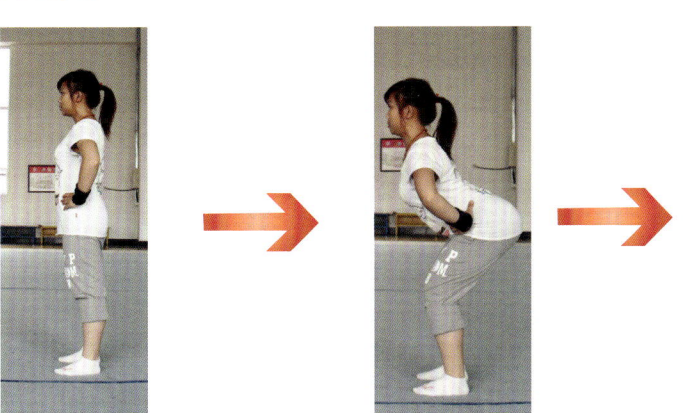

动作名称：提臀塌腰。
主要练习肌群：竖脊肌。
练习方法：从身体直立开始，下蹲，臀部向后上方提起，逐渐加大塌腰提臀的力量，头部稍后仰，保持5～10秒。
练习次数：5～10次×3组。

（2）单腿支撑、单腿侧举

动作名称：单脚侧蹬。
主要练习肌群：股四头肌、髂腰肌。
练习方法：从身体直立开始，逐渐下蹲，上体前倾，支撑脚承担体重，单脚向侧面蹬出并保持脚不着地。左右腿交替进行练习，每条腿静止保持6～10秒。
练习次数：5～10次×3组。

（3）撤步前弓

动作名称：撤步前弓。
主要练习肌群：股四头肌。
练习方法：从身体直立开始，一腿支撑，另一腿先屈膝前伸再向后引腿并回落于支撑腿后侧成弓步，左右腿交替进行练习，每次保持5~10秒。
练习次数：5~10次×3组。

（4）燕式平衡

动作名称：燕式平衡。
主要练习肌群：臀大肌。
练习方法：从身体直立开始，一腿支撑，另一腿屈膝向后引腿成水平支撑，保持5~10秒，左右腿交替进行练习。
练习次数：5~10次×3组。

（5）跪撑塌腰、跪撑收腹

动作名称：跪撑塌腰。

主要练习肌群：竖脊肌、臀大肌。

练习方法：手膝着地跪立开始，抬头塌腰固定，保持5～10秒。

练习次数：5～10次×3组。

动作名称：跪撑收腹。

主要练习肌群：腹直肌、腹外斜肌。

练习方法：手膝着地跪立开始，低头收腹提背固定，保持5～10秒。

练习次数：5～10次×3组。

（6）仰卧挺髋

动作名称：仰卧挺髋。

主要练习肌群：臀大肌、腘绳肌。

练习方法：双手置于头后，仰卧屈腿开始，臀部及大腿后侧肌群用力上挺，髋成拱桥状，保持5～10秒。

练习次数：5～10次×3组。

（7）直立提踵

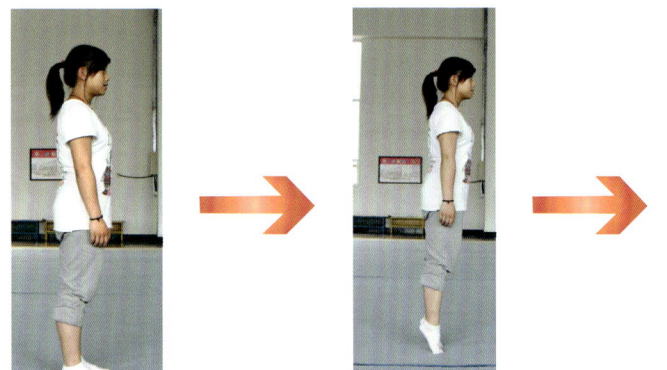

动作名称：直立提踵。

主要练习肌群：腓肠肌。

练习方法：直立开始，足跟用力上提成前脚掌支撑，保持5～10秒。

练习次数：5～10次×3组。

（8）屈腿仰卧起坐

动作名称：屈腿仰卧起坐。

主要练习肌群：腹直肌。

练习方法：双手抱头，仰卧，屈腿，脚平放，通过躯干屈曲使上半身缓慢向上蜷曲，至躯干完全屈曲，上半身贴近膝关节，坚持片刻，慢慢还原。

练习次数：5～10次×3组。

（9）转体仰卧起坐

动作名称：转体仰卧起坐。

主要练习肌群：腹直肌、腹外和腹内斜肌。

练习方法：双手抱头，仰卧，屈腿，脚平放，上半身慢慢向上蜷曲，躯干屈曲并转向左侧，带动右臂肘关节转向左膝，弓背抬肩，左右侧交替进行。

练习次数：5～10次×3组。

（10）直臂屈伸

动作名称：直臂屈伸。

主要练习肌群：肱三头肌。

练习方法：双手后撑，直腿，脚尖微翘，臀部下坐，双臂弯曲下撑，撑起还原，保持5～10秒。

练习次数：5～10次×3组。

（11）侧卧起坐

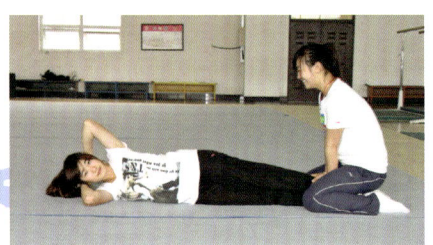   

动作名称：侧卧起坐。

主要练习肌群：腹外斜肌。

练习方法：双手抱头，侧卧直腿，上半身慢慢向侧上方蜷曲，保持5～10秒，慢慢还原，左右侧交替进行。

练习次数：5～10次×3组。

（12）直体两头起

动作名称：直体两头起。
主要练习肌群：腹直肌、股四头肌。
练习方法：双手置于头上伸直，仰卧，并腿，脚平放，开始时直腿向上举，手指触到脚背为止，连续进行。
练习次数：5～10次×3组。

（13）俯卧撑

  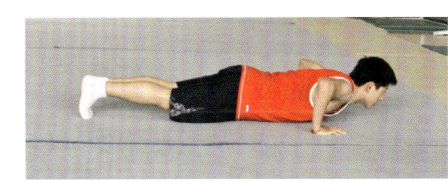  

动作名称：俯卧撑。
主要练习肌群：胸大肌。
练习方法：由双臂和脚尖支撑身体，直膝并腿保持身体水平，开始时屈臂下撑，保持肩、臀、足跟与地面成水平，撑起还原，连续进行。
练习次数：5～10次×3组。

（14）单腿蹲起

动作名称：单腿蹲起。

主要练习肌群：股四头肌、腘绳肌、臀大肌。

练习方法：两臂侧平举，一腿支撑，另一腿直膝前伸开始，支撑腿主动屈膝下蹲，全蹲保持身体平稳，蹲起还原成预备姿势，保持5～10秒。

练习次数：3～10次×3组。

（15）仰卧直体体侧摆腿

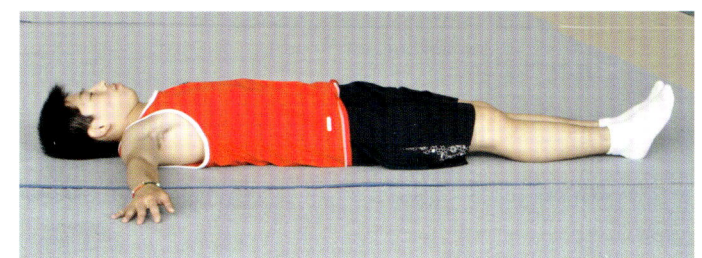

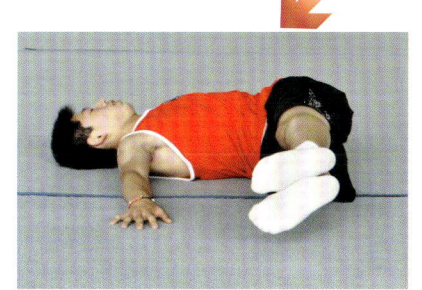

动作名称：仰卧直体体侧摆腿。

主要练习肌群：腹外斜肌、腘绳肌外侧。

练习方法：仰卧，双手置于体侧伸直，直膝提腿与身体成90°，直腿水平开始，身体保持正直，双腿并腿倒向左侧接近地面，然后摆正，再倒向右侧接近地面，反复练习，每次摆动保持5～10秒。

练习次数：3～10次×3组。

（16）仰卧大腿侧交叉

 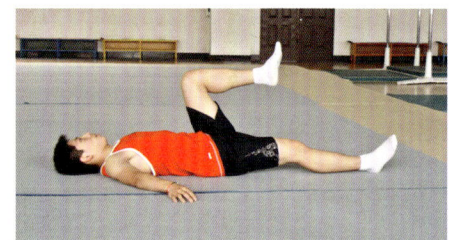

动作名称：仰卧大腿侧交叉。

主要练习肌群：腹外斜肌、臀大肌、腘绳肌外侧。

练习方法：仰卧，双手置于体侧，左腿伸直，右腿屈膝提腿，右腿大腿与身体成90°水平开始，髋部微向左转，右膝关节和右髋关节屈曲，落于左腿斜上方，反复练习，每次摆动保持5秒。

练习次数：5~10次×3组。

（17）跳转180°

    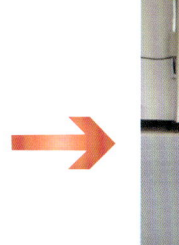 

动作名称：跳转180°。

主要练习肌群：股四头肌、腹外斜肌、腘绳肌外侧。

练习方法：头微向左转，双手置于体侧，屈膝半蹲开始，双腿屈膝蹬地跳起，腾空后，屈膝向左侧转体180°，双脚缓冲同时着地，左右跳转交替进行。

练习次数：3~10次×3组。

图书在版编目(CIP)数据

世界冠军教单板/王葆衡,王石安著. –北京:人民体育出版社,2011.1
ISBN 978-7-5009-3959-7

Ⅰ.①世… Ⅱ.①王… ②王 Ⅲ.①滑雪–基本知识 Ⅳ.①G863.1

中国版本图书馆 CIP 数据核字(2010)第 208418 号

*

人民体育出版社出版发行
北京盛通印刷股份有限公司印刷
新 华 书 店 经 销

*

787×1092 横16开本 8印张 150千字
2011年1月第1版 2011年1月第1次印刷
印数:1—5,000册

*

ISBN 978-7-5009-3959-7
定价:35.00元

社址:北京市东城区体育馆路8号 (天坛公园东门)
电话:67151482(发行部) 邮编:100061
传真:67151483 邮购:67118491
(购买本社图书,如遇有缺损页可与发行部联系)